推动社会主义文化繁荣兴盛

全国干部培训教材编审指导委员会组织编写

人民出版社
党建读物出版社

序　言

　　善于学习，就是善于进步。党的历史经验和现实发展都告诉我们，没有全党大学习，没有干部大培训，就没有事业大发展。面对当今世界百年未有之大变局，面对进行伟大斗争、伟大工程、伟大事业、伟大梦想的波澜壮阔实践，我们党要团结带领全国各族人民抓住和用好我国发展重要战略机遇期，坚持和发展中国特色社会主义，统筹推进"五位一体"总体布局、协调推进"四个全面"战略布局，推进国家治理体系和治理能力现代化，促进人的全面发展和社会全面进步，防范和应对各种风险挑战，实现"两个一百年"奋斗目标、实现中华民族伟大复兴的中国梦，就必须更加崇尚学习、积极改造学习、持续深化学习，不断增强党的政治领导力、思想引领力、群众组织力、社会号召力，不断增强干部队伍适应新时代党和国家事业发展要求的能力。

我们党依靠学习创造了历史，更要依靠学习走向未来。要加快推进马克思主义学习型政党、学习大国建设，坚持把学习贯彻新时代中国特色社会主义思想作为重中之重，坚持理论同实际相结合，悟原理、求真理、明事理，不断增强"四个意识"、坚持"四个自信"、做到"两个维护"，教育引导广大党员、干部按照忠诚干净担当的要求提高自己，努力培养斗争精神、增强斗争本领，使思想、能力、行动跟上党中央要求、跟上时代前进步伐、跟上事业发展需要。

抓好全党大学习、干部大培训，要有好教材。这批教材阐释了新时代中国特色社会主义思想的重大意义、科学体系、精神实质、实践要求，各级各类干部教育培训要注重用好这批教材。

2019 年 2 月 27 日

目　录

绪　论

坚定文化自信　建设社会主义文化强国

　　文化是一个国家、一个民族的血脉，是人民的精神家园。文化自信是一个国家、一个民族发展中更基本、更深沉、更持久的力量。党的十八大以来，习近平总书记反复强调坚定文化自信，作出一系列重要论述，充分体现了我们党高度的文化自觉，彰显了我们党鲜明的文化立场，进一步凸显了文化在中国特色社会主义事业全局中的重要地位，把我们党对文化作用和文化发展规律的认识提升到了一个新境界。新时代，我们要从全局和战略高度，深刻认识坚定文化自信的重大意义，高举马克思主义的旗帜、中国特色社会主义的旗帜，以文化自信支撑道路自信、理论自信、制度自信。

一、文化是一个国家、一个民族的灵魂

　　文化有广义和狭义之分。广义的文化，指的是人类改造客观世界过程中创造的物质成果和精神成果的总和；狭义的文化，则是指

人类改造客观世界过程中创造的精神成果。我们这里所说的文化就是在狭义上来使用的。

文化兴国运兴，文化强民族强。文化是民族生存和发展的重要力量，一个国家、一个民族的强盛，总是以文化兴盛为支撑的。同样，一个文明进步的社会必然是物质文明和精神文明共同进步的社会，一个现代化的强国必定是经济、政治、文化、社会、生态协同发展的国家。

一个民族的复兴需要强大的物质力量，也需要强大的精神力量。文化的力量深深熔铸在民族的生命力、创造力和凝聚力之中，人类社会每一次跃进，人类文明每一次升华，无不伴随着文化的历史性进步。没有先进文化的积极引领，没有人民精神世界的极大丰富，没有民族精神力量的不断增强，一个国家、一个民族不可能屹立于世界民族之林。

中华文化有自己的光荣传统和鲜明特征。古往今来，中华民族之所以在世界上有地位、有影响力，不是靠穷兵黩武，不是靠对外扩张，而是靠中华文化的强大感召力和吸引力。600 多年前，明代著名航海家郑和率领当时世界上最强大的船队"七下西洋"，远涉亚非 30 多个国家和地区，并没有占领一寸土地，而是播撒了和平友谊的种子，留下的是同沿途人民友好交往和文明传播的佳话。总之，中华文化记载了中华民族在长期奋斗中开展的精神活动、进行的理性思维、创造的文化成果，中华民族伟大复兴需要以中华文化发展繁荣为条件。

文化是社会变革的先导。社会变革的主体是人民群众。人类社会发展史一再表明，先进的思想文化一旦被群众掌握，就会转化为强大的物质力量；反之，落后的、错误的思想观念如果不破除，就会成为社会发展进步的桎梏。春秋战国时期思想文化的百家争鸣为封建社会的到来作了理论准备；五四新文化运动成为全民族思想解放的重要引擎；20世纪70年代末关于真理标准问题的大讨论成为开启改革开放的强大思想武器；欧洲文艺复兴运动为资本主义生产关系的确立开辟了道路；等等。可以说，人类历史上任何一种新制度战胜旧制度、一种新体制代替旧体制，文化都以潜移默化、润物无声的方式，凝魂聚气、激发活力，指引方向、启迪思想，为社会变革提供强大精神支撑。

文化是综合国力的重要内容。当今世界正处在大发展大变革大调整时期，综合国力的竞争日趋激烈，文化的地位和作用更加突出，文化越来越成为民族凝聚力和创造力的重要源泉，越来越成为各国综合国力竞争的重要因素。可以说，谁占据了文化发展制高点，谁拥有了强大文化软实力，谁就能够在激烈的国际竞争中赢得主动。在这样的背景下，许多国家都把提高文化软实力作为增强国家核心竞争力的重要战略。新加坡以国会法案的形式，确定了以国家至上、社会为先，家庭为根、社会为本等为主要内容的价值观在全社会推行，为的就是团结国民共同致力于本国发展。美国始终把反映资产阶级利益的思想文化作为根本内容，以此来打造"美国梦"、强化美国精神。仅以电影为例，从20世纪初开始，电影就被列入美国国家发展战略。正是在美国政府大力支持和推动下，美国电影进入全球绝大多数国家和地区市场，成为传播"美国梦"、美国精神、美国文化的重要文化载体。

文化是政党的精神旗帜。文化凝聚着一个民族最深层的精神积淀，反映着一个政党的理想追求。坚持什么样的方向，建设什么样的文化，不仅决定着文化自身的发展前途，更关系到党和国家事业的兴衰成败。我们党一登上历史舞台，就高举马克思主义旗帜，高度重视运用先进文化引领前进方向、凝聚奋斗力量。在新民主主义革命时期，党提出了建设民族的科学的大众的新民主主义文化；新中国成立后，党提出了坚持"为人民服务、为社会主义服务"的方向和贯彻"百花齐放、百家争鸣"的方针；改革开放以来，党不断深化对文化发展规律的认识，进一步回答了我国文化建设举什么旗、走什么路、朝着什么样的目标迈进等重大问题，指明了我国文化建设的前进方向和发展路径，提出要建设面向现代化、面向世界、面向未来的，民族的科学的大众的社会主义文化，建设社会主义文化强国的宏伟目标，形成了中国特色社会主义文化发展道路。这条文化发展道路，是我们党长期领导文化建设实践经验的集中体现，是对我国文化发展规律的深刻揭示，符合我国基本国情，顺应时代发展潮流，反映了新形势下党和国家事业发展对文化建设的新要求。

党的十八大以来，以习近平同志为核心的党中央高度重视社会主义文化建设，大力加强党对意识形态工作的领导权，党的理论创新全面推进，马克思主义在意识形态领域的指导地位更加鲜明，中国特色社会主义和中国梦深入人心，社会主义核心价值观和中华优秀传统文化广泛弘扬。文化体制改革进一步深化，文艺创作持续繁荣，文化事业和文化产业蓬勃发展，互联网建设管理运用不断完善，人民群众精神文化生活更加丰富多彩。大力推动中华文化走向世界，国家文化软实力和中华文化影响力大幅提升。总体来讲，主旋律更加响亮，正能量更加强劲，文化自信得到彰显，全党全社会思想上的团结统一更加巩固。

在这一过程中，习近平总书记站在新时代坚持和发展中国特色社会主义的高度，围绕新时代以什么样的立场和态度对待文化、用什么样的思路和举措发展文化、朝着什么样的方向和目标推进文化建设以及什么是文化自信、怎样坚定文化自信等重大问题，作出一系列重要论述和重大部署。特别是在党的十九大后召开的全国宣传思想工作会议上，习近平总书记强调，在实践中，我们不断深化对宣传思想工作的规律性认识，提出了一系列新思想新观点新论断，这就是坚持党对意识形态工作的领导权，坚持思想工作"两个巩固"的根本任务，坚持用新时代中国特色社会主义思想武装全党、教育人民，坚持培育和践行社会主义核心价值观，坚持文化自信是更基础、更广泛、更深厚的自信，是更基本、更深沉、更持久的力量，坚持提高新闻舆论传播力、引导力、影响力、公信力，坚持以人民为中心的创作导向，坚持营造风清气正的网络空间，坚持讲好中国故事、传播好中国声音。这些重要论述，全面深刻地回答了文化建设地位作用、思想基础、价值内核、性质方向、科学内涵、根本保证等一系列全局性、战略性、根本性问题，继承和发展了马克思主义文化理论和党的文化建设思想，把我们党对社会主义文化发展规律的认识推进到新境界，把马克思主义文化理论提升到新境界，是做好宣传思想工作的根本遵循，必须长期坚持、不断发展。

特别需要指出的是，习近平总书记将中国特色社会主义文化同中国特色社会主义道路、理论、制度一道，作为中国特色社会主义的重要组成部分，进一步丰富和发展了中国特色社会主义内涵，把"三个自信"提升为"四个自信"，凸显了文化在中国特色社会主义事业全局中的重要地位，彰显了坚定文化自信对夺取中国特色社会主义新胜利的重大作用，标志着我们党对中国特色社会主义认识的深化。这对于巩固全党全国人民团结奋斗的共同思想基础，实现

"两个一百年"奋斗目标、实现中华民族伟大复兴的中国梦，具有极为深远的意义。

二、文化自信是更基本、更深沉、更持久的力量

人无精神不立，国无精神不强。精神是一个民族赖以长久生存的灵魂，唯有在精神上达到一定的高度，这个民族才能在历史的洪流中屹立不倒、奋勇向前。自信，是一种发自内心的自我肯定，是一种促成目标达成、理想实现、梦想成真的精神力量。文化自信，是一个政党、民族、国家对自己文化价值的充分肯定和对自身文化生命力的坚定信心。一个国家、一个民族、一个政党如果没有文化自信，就会失去基础和灵魂。

坚定文化自信，是事关国运兴旺、事关文化安全、事关民族精神独立性的大问题。历史和现实都表明，无论哪一个国家、哪一个民族，如果没有自己的精神独立性，如果丢掉了文化这个灵魂，那么政治、思想、制度等方面的独立性就会失去支撑，这个国家、这个民族不仅不可能发展起来，而且很可能上演一幕幕历史悲剧。中华文明历经千般交流、万般淘洗，闪耀出绚烂多彩的光芒，成为古代文明中唯一没有中断而延续至今的文明。英国学者保罗·肯尼迪在《大国的兴衰》中说："在近代以前时期的所有文明中，没有一个国家的文明比中国文明更发达、更先进。"中华民族素有文化自信的气度，不论经历多少战乱、苦难，中国人从来没有失掉过自信。正是有了对民族文化的自信心和自豪感，中华民族才在漫长的历史长河中保持自己、吸纳外来，形成了独具特色、辉煌灿烂的中华文明，并长期走在世界前列。当今世界多极化、经济全球化、社

会信息化、文化多样化深入发展，不同文化的交流、交融、交锋比以往任何时候都更加频繁。在这样的背景下，更加需要我们以理性、科学的态度对文化进行反思、比较、展望，正确看待自己的文化、对待别人的文化，充分认识中国文化的独特优势和发展前景，不断坚定文化自信和文化追求。

文化自信是更基础、更广泛、更深厚的自信，是更基本、更深沉、更持久的力量。文化最根本的作用就是以文化人，对人进行塑造。文化的主体是人，人是推动文化进步的主体，也是享用文化成果的主体。人创造了文化，也生活于文化中，被文化塑造。正如马克思所言："历史的每一阶段都遇到一定的物质结果，一定的生产力总和，人对自然以及个人之间历史地形成的关系，都遇到前一代传给后一代的大量生产力、资金和环境，尽管一方面这些生产力、资金和环境为新的一代所改变，但另一方面，它们也预先规定新的一代本身的生活条件，使它得到一定的发展和具有特殊的性质。"这就是说，文化塑造人，文化是怎样的，在此文化氛围下生长起来的人也是怎样的。文化最大的特质，就是具有极强的渗透性、持久性，像空气一样无处不在、无时不有，能够以无形的意识、特定的观念，深刻影响和塑造着生活于其中的每个人，深刻影响着有形的存在、有形的现实，深刻作用于经济社会发展和人们生产生活。正是由于文化具有这样的作用，所以统治阶级不仅要掌握这个社会的物质力量，而且要占领文化阵地。

文化自信的实质是中国特色社会主义自信。文化的核心和灵魂是价值理念，而发展道路、发展模式则是价值理念的集中体现。只有对自己的文化保持坚定的信心，才能获得坚持坚守的从容，鼓起奋发进取的勇气，焕发创新创造的活力。我们的文化自信，是对包括中华优秀传统文化、革命文化和社会主义先进文化在内的中华文化的自信，从根本上讲，是对中国特色社会主义的自信。习近平总书记反复强调，世界上没有放之四海而皆准的发展模式，也没有一成不变的发展道路。独特的文化传统、独特的历史命运、独特的基本国情，注定了我们必然要走适合自己特点的发展道路。我们党在领导人民艰辛探索中，成功开辟出中国特色社会主义道路，给国家的前途、民族的命运、人民的生活带来天翻地覆的变化。在中国特色社会主义伟大事业中，道路是实现途径、理论是行动指南、制度是根本保障、文化是内在动力，统一于中国特色社会主义伟大实践，共同指向实现中华民族的伟大复兴。只有从中国特色社会主义事业的整体性上把握"四个自信"，我们才能做到理解更深刻、把握更准确、自信更坚定。

坚定文化自信，我们有着充足的理由和底气。我们的文化自信，源于中国特色社会主义伟大实践。改革开放 40 年来，我国经济快速发展，用几十年的时间走过了西方发达国家上百年历程，跃升为世界第二大经济体，创造了人类社会发展史上惊天动地的奇迹。特别是党的十八大以来，在以习近平同志为核心的党中央坚强领导下，党和国家事业取得历史性成就，发生历史性变革，中华民族迎来了从站起来、富起来到强起来的伟大飞跃。同改旗易帜而导致社会主义制度消亡的一些国家相比，同深陷金融危机、债务危机而难以自拔的一些西方发达国家相比，同陷入发展陷阱和动乱危机的一些发展中国家相比，中国的发展道路越来越显示出"风景这边独好"。正如习近平总书记指出的："当今世界，要说哪个政党、哪个国家、哪个民族能够自信的话，那中国共产党、中华人民共和国、中华民族是最有理由自信的。"

我们的文化自信，源于先进思想理论的科学指导。一种文化的生命力是否强大，关键取决于其指导思想的生命力。马克思主义揭示了人类社会发展的一般规律，揭示了资本主义运行的特殊规律，为人类指明了从必然王国向自由王国飞跃的途径，为人民指明了实现自由和解放的道路，

《在纪念马克思诞辰 200 周年大会上的讲话》

是我们立党立国的根本指导思想。马克思主义为中国革命、建设、改革提供了强大思想武器，使中国这个古老的东方大国创造了人类历史上前所未有的发展奇迹。实践证明，历史和人民选择马克思主义是完全正确的，中国共产党把马克思主义写在自己的旗帜上是完全正确的，坚持马克思主义基本原理同中国具体实际相结合、不断推进马克思主义中国化时代化大众化是完全正确的。今天，习近平新时代中国特色社会主义思想，以一系列具有原创性的新思想新观点新论断，写出了马克思主义新的时代篇章，以全新视野深化了对共产党执政规律、社会主义建设规律、人类社会发展规律的认识，是推动新时代中国特色社会主义文化发展的思想旗帜。

我们的文化自信，源于深厚的文化根脉和独特的文化优势。中华优秀传统文化是中华民族的文化根脉。在漫长的历史发展中，中华文化形成了独具特色、博大精深的价值观念和文明体系，形成了自己的独特风格和特有的概念体系、表达方式，其中最核心的内容已经成为中华民族最基本的文化基因，成为有别于其他民族的独特标识。例如，天人合一的宇宙观、革故鼎新的发展观、自强不息的人生观、知行合一的知行观、社会和谐的理想观，等等。中华文化优势，在于有生生不息、博大精深的中华优秀传统文化，有党领导人民创造的激昂向上的革命文化和生机勃勃的社会主义先进文化，

有以爱国主义为核心的民族精神和以改革创新为核心的时代精神。这些宝贵文化资源，铸就了中华民族持久而强大的凝聚力向心力，滋养着当代中国的发展进步，是应当很好坚守的精神高地，是我们保持文化自信的坚强基石。

当然，强调文化自信，并不是说中国特色社会主义就完美无缺了，就不需要完善和发展了。我们既反对自卑自弃、自轻自贱，也反对自大自傲、藐视一切。文化自信不是自视清高、自我满足，也不是盲目自信、抱残守缺，更不是裹足不前、故步自封，而是要坚持取其精华、去其糟粕的原则，守住中华文化本根，传承中华文化基因，以开放的胸襟广泛学习借鉴人类优秀文明成果，汲取各种文明的养分，做到不忘本来、吸收外来、面向未来，在不断汲取各种文明养分中丰富和发展中华文化。

三、用习近平新时代中国特色社会主义思想统领文化建设

新时代需要新思想，新时代孕育新思想。党的十九大概括和提出了习近平新时代中国特色社会主义思想，并将此确立为党必须长期坚持的指导思想写进党章。十三届全国人大一次会议通过的宪法修正案，把习近平新时代中国特色社会主义思想载入宪法，确立为国家的指导思想。这一思想，是马克思主义中国化最新成果，是党和人民实践经验和集体智慧的结晶，是中国精神的时代精华，是国家政治生活和社会生活的根本指针，也是新时代文化建设的根本指针，是新时代文化建设的根本统领。

以新思想为统领，要坚定不移走中国特色社会主义文化发展道

路。道路问题至关重要。每个国家和民族的历史传统、文化积淀、基本国情不同，其发展道路必然有着自己的特色。解决中国的问题只能在中国大地上探寻适合自己的道路和办法。中国特色社会主义文化发展道路，是中国特色社会主义道路的重要内容，是实现文化强国目标的必由之路。习近平新时代中国特色社会主义思想，是中国特色社会主义文化发展道路的核心和灵魂。只有以新思想为统领，才能确保始终沿着中国特色社会主义文化发展道路前进；只有坚定不移走中国特色社会主义文化发展道路，才能贯彻和体现新思想，这是一个问题的两个方面。在这个重大原则问题上，必须旗帜鲜明，态度明确，决不能有丝毫含糊。

以新思想为统领，要把新思想贯穿到文化建设各方面、全过程。习近平新时代中国特色社会主义思想在文化建设上作出了一系列重要论述，强调始终牢牢掌握意识形态工作领导权，增强"四个意识"，坚定"四个自信"；持续深入培育和践行社会主义核心价值观，增强社会主义核心价值观建设的针对性实效性，使之转化为人们的情感认同和行为习惯，保证文化建设始终沿着正确方向前进；广泛开展理想信念教育，深入实施公民道德建设工程，深化群众性精神文明创建活动，着力提高人民思想觉悟、道德水准、文明素养，提高全社会文明程度；坚持以人民为中心的创作导向，把创作生产优秀作品作为文艺工作的中心环节，把社会主义核心价值观贯穿文艺创作始终，在深入生活、扎根人民中繁荣发展社会主义文艺；坚持以人民为中心，坚持共建共享，坚持把社会效益放在首位，激发全民族文化创新创造活力，发展文化事业和文化产业，推动文化繁荣兴盛；等等。这些重要论述为不断推进文化强国建设，不断满足人民群众精神文化需求提供强大精神力量。

以新思想为统领，要努力掌握文化建设的思想方法和工作方法。习近平新时代中国特色社会主义思想，是一个系统完备、博大精深的科学体系，蕴含着丰富的马克思主义思想方法和工作方法，既是世界观、历史观，也是认识论、方法论，要把这些方法转化为文化建设的思想方法和工作方法。实事求是是我们党的思想路线，是马克思主义中国化理论成果的精髓和灵魂。要把实事求是作为基本的思想方法、工作方法，认识新事物，研究新问题，拓展新视野，以思想上的朝气锐气开创工作中的新局新貌。要坚持问题导向、强化问题意识，敢于正视问题、善于发现问题，科学分析问题、深入研究问题，针对工作中存在的短板和不足，及时对症下药、解决问题。要坚持效果导向，彻底摒弃形式主义、官僚主义，突出"实"、力戒"虚"，精准发力，务求实效。

"自信人生二百年，会当水击三千里。"中国共产党从成立之日起，就既是中国先进文化的积极引领者和践行者，又是中华优秀传统文化的忠实传承者和弘扬者。当代中国共产党人和中国人民应该而且一定能够担负起新的文化使命，在实践创造中进行文化创造，在历史进步中实现文化进步，不断铸就中华文化新辉煌！

第一章

坚持中国特色社会主义文化发展道路

方向决定道路，道路决定命运。中国共产党历来高度重视运用文化引领前进方向、凝聚奋斗力量，不断以思想文化新觉醒、文化建设新成就推动党和人民事业向前发展。中国特色社会主义文化发展道路，深入回答了文化建设中带有方向性、根本性、战略性的重大问题，指明了我国文化建设的前进方向和发展路径，是我们党长期领导文化建设实践经验的集中体现，是新时代推动社会主义文化繁荣兴盛的必由之路。

第一节 我们党探索建设先进文化实践中
取得的最重要成果

中国共产党是一个具有高度文化自觉的政党。在 90 多年的奋斗历程中，党始终紧密结合时代条件，围绕党的中心任务提出文化纲领、文化目标、文化政策，坚持不懈推进文化建设，开辟了中国特色社会主义文化发展道路，有力推动了党和人民事业发展。特别是党的十八大以来，以习近平同志为核心的党中央从坚持和发展中国特色社会主义、实现中华民族伟大复兴中国梦的政治高度，把我们党对文化发展规律的认识推向了新境界。

一、中国特色社会主义文化发展道路的形成

我们党在革命、建设和改革各个时期，都坚持从中国国情出发，结合时代条件，注重总结我们党文化实践活动的经验并上升为文化理论，高度自觉地运用这些理论指导不断发展的实践。经过长期的艰苦奋斗，逐步形成了中国特色社会主义文化发展道路，这是我们党探索建设先进文化实践中取得的最重要成果。

早在革命年代，我们党就把荡涤封建文化、建设民族的科学的大众的新民主主义文化作为自己的文化纲领，并创造出以延安革命文艺为代表的根据地文化。在那一时期，毛泽东同志特别重视发挥文武两条战线的重要作用，在《新民主主义论》《在延安文艺座谈会上的讲话》等著作中提出了许多关于文化建设的重要思想，如"任何社会没有文化就建设不起来"，文化建设的目标就是要建立"民族的科学的大众的文化"、"中华民族的新文化"、"反帝反封建的新民主主义文化"等。以这些思想为指导，中国共产党人展开了卓有成效的文化活动，为中国革命的胜利发挥了重要作用，也为中国特色社会主义文化道路的探索创造了条件。

新中国成立后，我们党对文化建设进行了深入探索。在领导社会主义文化建设的过程中，党明确了坚持马克思主义唯物辩证法和

唯物史观的指导思想，先后提出了社会主义文化为工农兵服务、为社会主义服务的根本方向和"百花齐放、百家争鸣"的方针，提出了科技革命和文化革命的要求，提出了"古为今用"和"洋为中用"等基本方针，兴起了文化建设的高潮。这一时期，广大文艺工作者深入社会生活，投身现实斗争，创作出一批优秀文艺作品，如通讯《谁是最可爱的人》、歌曲《歌唱祖国》、音乐交响诗《嘎达梅林》、话剧《龙须沟》、电影《上甘岭》、长篇小说《创业史》《山乡巨变》和大型音乐舞蹈史诗《东方红》等，在社会上产生了广泛影响。

改革开放以来，我们党在文化战线和知识分子政策上实现了拨乱反正，迎来社会主义文化繁荣发展的春天。1979年，邓小平同志在中国文学艺术工作者第四次代表大会上指出，要继续坚持文艺为最广大的人民群众、首先为工农兵服务的方向，坚持百花齐放、推陈出新、洋为中用、古为今用的方针。1981年，党的十一届六中全会通过的《关于建国以来党的若干历史问题的决议》强调，社会主义必须有高度的精神文明。1982年，党的十二大在提出经济建设目标的同时，提出要努力建设高度的社会主义精神文明和高度的社会主义民主，进一步把建设高度的社会主义精神文明确定为我国社会主义现代化建设的一个战略方针。1997年，党的十五大提出建设有中国特色社会主义文化的新命题，并把它作为党在社会主义初级阶段基本纲领的重要组成部分。2011年，党的十七届六中全会通过的《中共中央关于深化文化体制改革 推动社会主义文化大发展大繁荣若干重大问题的决定》，提出了坚持中国特色社会主义文化发展道路、努力建设社会主义文化强国的战略任务，明确了新形势下推进文化改革发展的指导思想、重要方针、目标任务、政策举措。从"五讲四美三热爱"活动、"创建文明城市"和军民共建文明村镇、文明街道等活动，到培育"四有"社会主义公民，再到推进社会主义核心价值体系建设、推动文化体制改革，在党中央的重视和领导下，社会主义文化建设取得丰硕成果，为城乡亿万人民提供了丰富多彩的精神食粮，为坚持和发展中国特色社会主义提供了强大精神力量。

党的十八大以来，以习近平同志为核心的党中央从坚持和发展中国特色社会主义、实现中华民族伟大复兴中国梦的政治高度，紧紧围绕建设社会主义文化强国的战略目标，以高度的文化自信、文化自觉、文化担当，系统规划和全面铺开了新形势下的文化建设。习近平总书记发表一系列重要讲话，深刻回答了新的历史条件下文化建设中具有方向性、全局性、战略性的重大问题，体现了我们党对中国特色社会主义文化发展规律的战略思考和科学把握，丰富和发展了中国特色社会主义文化理论。党中央出台一系列重要文件，对文化建设作出全面安排、提出明确要求，形成了全面系统、科学完整的工作体系和工作框架。几年来，中国特色社会主义文化建设呈现崭新局面：先进文化前进方向更加坚定，以人民为中心的工作导向、创作导向鲜明有力，向上向善的新风正气广泛弘扬，文化体制改革持续深入，文化繁荣发展成果丰硕。

回顾党90多年奋斗历程，可以清晰地看到：中国特色社会主义文化发展道路，深刻揭示了我国文化发展规律，集中反映了党和国家事业发展对文化建设的新要求，对促进改革开放和社会进步发挥了不可替代的作用，符合我国基本国情，顺应时代发展潮流。这条道路来之不易、弥足珍贵，必须倍加珍惜、始终坚持、不断发展。

二、中国特色社会主义文化发展道路具有独特性

经济基础决定上层建筑。文化是一定社会政治经济状况的反映，总是在特定的社会条件下存在和发展的。独特的制度、独特的传统、独特的国情，决定了我们必须走中国特色社会主义文化发展道路，而不是其他什么道路。

坚持中国特色社会主义文化发展道路是由我国社会制度、发展道路和党的性质宗旨决定的。"履不必同，期于适足；治不必同，期于利民。"一个国家走什么道路，是由这个国家的历史文化传统、经济社会发展水平等因素综合决定的。正像我们不能要求所有花朵都变成紫罗兰这一种花，不同文化传统、历史遭遇、现实国情的国家也不可能都采用同一种发展模式。我们党在团结带领人民进行革命、建设和改革的伟大进程中，成功开辟了中国特色社会主义道路，实现了经济社会的历史性进步，创造了生机勃勃的崭新文化。实践证明，中国特色社会主义道路，既是一条实现社会主义现代化、创造人民美好生活的正确道路，也是一条不断孕育先进思想文化的正确道路；中国共产党既是政治的先锋队，也是文化的先锋队。新时期我国文化发展方向和路径的选择、文化纲领和政策的制定，都是由我国社会主义制度、发展道路和党的性质宗旨决定的。只有坚持中国特色社会主义文化发展道路，才能确保文化建设沿着正确方向前进，更好地推动社会主义文化大发展大繁荣。

坚持中国特色社会主义文化发展道路是由中华民族的优秀历史文化传统决定的。中华优秀传统文化积淀着中华民族最深层次的精神追求，代表着中华民族最独特的精神标识，深刻影响着我国文化的未来发展。我们党始终是中华民族优秀传统文化的忠实传承者和

弘扬者，在发展中国先进文化的过程中，坚持汲取优秀传统文化的精华，同时适应时代和实践的新发展，不断赋予中华文化以时代的青春活力。中国特色社会主义文化发展道路，就是高扬社会主义先进文化与传承中华民族优秀传统文化相结合的发展道路，就是植根于中华民族历史文化沃土而又面向现代化、面向世界、面向未来的发展道路。只有坚持中国特色社会主义文化发展道路，才能把坚持和发展、继承和创新统一起来，使优秀传统文化成为发展先进文化的深厚基础，努力发展具有中国特色、中国风格、中国气派的社会主义先进文化。

坚持中国特色社会主义文化发展道路是由我国文化发展规律和人民群众根本意愿决定的。世界文化丰富多彩，每个民族和国家的文化都有自身的特性，从而形成了世界文化的多样性。只有认识文化的演进逻辑，把握其内在规律，才能开拓文化发展的广阔道路。党和国家事业属于人民、为了人民的根本宗旨，我们的基本国情和所处的发展阶段，决定了我国文化建设需要解决的矛盾和问题不同于其他国家，面临的任务和要求也不同于其他国家。中国特色社会主义进入新时代，我国社会主要矛盾已经转化，人民美好生活需要日益广泛，对精神文化生活有了新期待。这就要求我们坚持中国特色社会主义文化发展道路，科学把握我国文化发展规律，以更加开阔的视野、更加前瞻的思路、更加有力的举措推进文化改革发展。

坚持中国特色社会主义文化发展道路是由增强国家文化软实力的现实需要决定的。当今世界，各种思想文化交流交融交锋趋势更加明显，文化软实力在综合国力竞争中的战略地位日益凸显，许多国家都从提高国家核心竞争力出发，把加快文化发展、增强文化软实力作为国家基本战略。随着我国经济快速发展，中国的发展道路得到越来越多人的理解和认同，中华文化的作用和影响引起世界更大关注。与此同时，我们还要看到，我国文化整体实力和国际影响力与我国国际地位还不相称，与我国深厚的文化底蕴还不相称，国际文化格局西强我弱的状况并没有改变。要在日趋激烈的国际文化竞争中赢得主动，加快提升国家文化软实力已经成为事关党和国家发展全局的重大而紧迫的课题。我们必须始终沿着中国特色社会主义文化发展道路，以文化的自信建设自信的文化，把我国丰富的文化资源转化为强大的文化竞争力，不断提高国家文化软实力。

第二节　中国特色社会主义文化发展道路的内涵

坚持中国特色社会主义文化发展道路，必须准确把握这条道路的科学内涵。这就是以马克思主义为指导，坚守中华文化立场，立足当代中国现实，结合当今时代条件，发展面向现代化、面向世界、面向未来的，民族的科学的大众的社会主义文化，推动社会主义精神文明和物质文明协调发展。

一、以马克思主义为指导

马克思主义是人类思想史上最伟大的成果，是我们立党立国的根本指导思想，是中国特色社会主义文化发展道路的旗帜和灵魂。以马克思主义为指导、以社会主义先进文化为引领，是中国特色社会主义文化区别于其他文化的鲜明特征，是事关文化建设全局的根本问题，是中国特色社会主义先进性的根本保证。

以马克思主义为指导，最重要的是坚持马克思主义立场观点方法，运用马克思主义中国化最新成果指导文化建设。马克思主义是人民的理论，第一次创立了人民实现自身解放的思想体系。马克思主义博大精深，归根到底就是一句话，为人类求解放。马克思主义是科学的理论，马克思创立了唯物史观和剩余价值学说，揭示了人类社会发展的一般规律，揭示了资本主义运行的特殊规律，为人类指明了从必然王国向自由王国飞跃的途径，为人民指明了实现自由和解放的道路。马克思主义不是书斋里的学问，而是实践的理论，是为了改变人民历史命运而创立的，实践性是马克思主义理论区别于其他理论的显著特征。马克思主义不仅是一种世界观，而且是一种方法论，恩格斯深刻地指出："马克思的整个世界观不是教义，而是方法。它提供的不是现成的教条，而是进一步研究的出发点和供这种研究使用的方法。"新时代坚持马克思主义，必须坚持和运用辩证唯物主义和历史唯物主义的世界观和方法论，坚持和运用马克思主义的实践观、群众观、阶级观、发展观、矛盾观，真正把马克思主义这个看家本领学精悟透用好。

以马克思主义为指导，最根本的是把坚持和发展马克思主义有机统一起来，推进马克思主义中国化时代化大众化。长期以来，马克思主义在中国之所以显示出强大生命力，指导和引领中国革命、建设、改革不断取得伟大胜利，就在于我们党在实践中不断丰富和发展马克思主义，做到老祖宗没有丢，又写出新篇章。党的十八大以来，以习近平同志为核心的党中央紧紧围绕新时代坚持和发展什么样的中国特色社会主义、怎样坚持和发展中国特色社会主义这个重大时代课题，以全新的视野深化对共产党执政规律、社会主义建设规律、人类社会发展规律的认识，取得重大理论创新成果，创立了习近平新时代中国特色社会主义思想。这一思想，是对马克思列宁主义、毛泽东思想、邓小平理论、"三个代表"重要思想、科学发展观的继承和发展，是当代中国马克思主义、21世纪马克思主义，是全党全国人民为实现中华民族伟大复兴而奋斗的行动指南。新时代坚持以马克思主义为指导，最根本、最核心的就是坚持以习近平新时代中国特色社会主义思想为指导。

以马克思主义为指导，必须坚持"二为"方向。"为了谁、依靠谁"，这是文化建设首先要回答的根本性问题。早在1942年，毛泽东就明确提出，"我们的文学艺术都是为人民大众的，首先是为工农兵的"。1980年，我们党明确提出，文艺必须坚持"为人民服务、为社会主义服务"的方向。从那时开始，"二为"方向不仅成为文艺工作的根本原则，而且成为文化建设的根本原则。"二为"方向鲜明表明：我们的文化是社会主义的，而不是什么其他主义的；是为大多数人服务的，而不是为少数人服务的。在这一根本性问题上，我们不能有丝毫模糊、犹疑，不能有丝毫动摇、偏离。坚持"二为"方向，就要坚持以人民为中心的工作导向，不断满足人民群众多样化的精神文化需求，充分发挥文化引领风尚、教育人民、服务社会、推动发展的作用，为中国特色社会主义事业提供坚强思想保证和强大精神动力。

以马克思主义为指导，必须坚持"双百"方针。1956年，毛泽东在中共中央政治局扩大会议上提出，"艺术问题上的百花齐放，学术问题上的百家争鸣"应当成为我们的方针。"双百"方针，是我们党对文化创作生产规律的科学总结，是繁荣发展社会主义文化事业的基本原则和重要保证。它要求，要尊重差异、包容多样，发扬学术民主、艺术民主，提倡不同观点、不同风格、不同流派相互切磋、平等讨论，让文化创新精神竞相迸发、持续涌流。当然，我们讲尊重差异、包容多样，不等于无原则、无底线。对于任何一种文化现象，都应当以马克思主义为指导，科学辨析主流与支流、区分先进与落后、划清积极与消极，决不能让错误的思想、腐朽的文化、落后的观念滋生蔓延。

以马克思主义为指导，是具体的，不是空洞的、抽象的，必须体现到文化建设的方方面面，贯穿到对中华优秀传统文化的传承弘扬中，贯穿到对革命文化和社会主义先进文化的继承发展中，贯穿到对世界优秀文化成果的借鉴吸收中，更好发展面向现代化、面向世界、面向未来的，民族的科学的大众的社会主义文化。特别是要看到，当前我国文化领域正在发生广泛而深刻的变革，社会思想更加多样、社会价值更加多元、社会思潮更加多变，坚持以马克思主义为指导、以社会主义先进文化为引领的重要性和紧迫性更加凸显。我们要大力发展社会主义先进文化，加强社会主义精神文明建设，把社会主义核心价值观融入社会发展各方面，推动中华优秀传统文化创造性转化、创新性发展，不断铸就中华文化新辉煌。

二、坚守中华文化立场

中华文化源远流长、博大精深，铸就了中华民族持久而强大的凝聚力向心力，是中华民族生生不息、团结奋进的不竭动力，是我们保持文化自信的坚强基石，是发展中国特色社会主义文化的深厚基础。

中华文化，主要包括博大精深的中华优秀传统文化、党领导人民创造的激昂向上的革命文化和生机勃勃的社会主义先进文化，根本的还在于有贯穿其中的科学理论指导、坚定的理想信念、正确的价值追求，有以爱国主义为核心的民族精神和以改革创新为核心的时代精神。在长期的革命、建设、改革实践中，我们坚守中华文化立场，传承中华文化基因，为开创和发展中国道路提供了丰厚滋养。在当代中国，坚守中华文化立场，就是始终不渝地坚持、千方百计地弘扬中华优秀传统文化、激昂向上的革命文化和社会主义先进文化。这既是我们安身立命的根基，也是我们在世界文化激荡中站稳脚跟的"定海神针"。

坚守中华文化立场，必须推动中华优秀传统文化创造性转化、创新性发展。中华优秀传统文化，记载了中华民族自古以来在建设家园的奋斗中开展的精神活动、进行的理性思维、创造的文化成果，是中华民族生生不息、发展壮大的重要滋养，是中华民族的"根"和"魂"。中华优秀传统文化的丰富哲学思想、人文精神、教化思想、道德理念等，比如，关于道法自然、天人合一的

《在纪念孔子诞辰 2565 周年国际学术研讨会暨国际儒学联合会第五届会员大会开幕会上的讲话》

思想，关于天下为公、大同世界的思想，关于自强不息、厚德载物的思想，关于革故鼎新、与时俱进的思想，关于脚踏实地、实事求是的思想，关于经世致用、知行合一、躬行实践的思想，关于安不忘危、存不忘亡、治不忘乱的思想等，可以为人们认识世界和改造世界提供启迪，可以为治国理政提供启示，也可以为道德建设提供启发。比如，我们提出全面建设小康社会，就可以追溯到古代的"小康"思想；我们提出构建和谐社会，就传承了古人"尚和合""求大同"的理念；我们提出协商民主，就源自中华文化兼收并蓄、求同存异的传统。新时代推动中华优秀传统文化创造性转化、创新性发展，既不能简单复古，也不能盲目排外；既要更好地传承文化基

因，又要借鉴吸收人类文明成果，赋予其新的时代内涵和现代表达形式，推动中华优秀传统文化继往开来、发扬光大。

坚守中华文化立场，必须倍加珍惜、大力弘扬党领导人民在革命、建设、改革中创造的革命文化和社会主义先进文化。我们党领导各族人民在进行革命、建设和改革的历史实践中，创造了鲜明独特、奋发向上的革命文化和社会主义先进文化，成为激励投身革命和社会主义建设的强大精神力量，是我们文化发展的基础和优势。从红船精神、井冈山精神、长征精神、延安精神、西柏坡精神，到雷锋精神、大庆精神、"两弹一星"精神，再到载人航天精神、北京奥运

《在纪念红军长征胜利80周年大会上的讲话》

精神、抗震救灾精神、改革开放精神等，这些富有时代特征、民族特色的宝贵财富，不断实现着中华文化的再生再造，为我们推进文化建设奠定了坚实基础。同时还要看到，有人以所谓"重新评价"为名，搞历史虚无主义，认为革命文化是"过去时"，随心所欲地戏说历史、消解红色经典，对英雄人物、历史人物进行颠覆性评价。这是对历史的歪曲，也是对文化的亵渎。在中国人民艰辛革命历程中形成的革命文化，是中华民族优秀文化传统的凝聚升华，是中国共产党和中国人民伟大创造精神的生动体现，永远都是激励我们不懈奋斗的强大精神力量。

三、发展面向现代化、面向世界、面向未来的社会主义文化

我们要建设的中国特色社会主义文化，是怎样的一种文化？换

言之，中国特色社会主义文化是什么性质的文化？一言以蔽之，就是面向现代化、面向世界、面向未来的，民族的科学的大众的社会主义文化。

社会主义文化是面向现代化的文化。面向现代化，就是文化建设要立足中国实际、为社会主义现代化建设服务。邓小平曾经讲过："四个现代化就是中国最大的政治。"这是对历史和现实的深刻总结。从洋务运动起，中国就开始了对现代化的不懈探索。新中国成立后，党中央提出了"四个现代化"目标；改革开放以来，从"三步走"战略目标，到"五位一体"总体布局，再到"四个全面"战略布局，我们党团结带领人民不断谱写社会主义现代化建设的新篇章。党的十九大提出，到 2035 年基本实现现代化，到本世纪中叶建成社会主义现代化强国。实现这一宏伟目标，需要充分发挥文化的作用，因为文化既是社会主义现代化强国建设的重要内容，又对经济发展和社会进步具有能动的反作用，可以提供强大的精神动力和智力支持。新时代，我们要立足现代化强国建设实践，在人民群众的伟大实践中进行文化的创造，在历史的进步中实现文化的进步。

社会主义文化是面向世界的文化。纵观人类文明史，任何一个国家、一个民族都是在承前启后、继往开来中走到今天的，世界是在人类各种文明交流交融中成为今天这个样子的。中华文化之所以生生不息、经久不衰，就在于其具有博采众长、兼收并蓄的传统。历史上，虽然我们也有过封闭时期，有过闭关锁国、抱残守缺的教训，但开放包容、兼收并蓄始终是中华文化发展的主流。丝绸之路的开辟，遣隋使遣唐使大批来华，法显、玄奘西行取经，郑和"七下西洋"，等等，都是中外文明交流互鉴的生动写照。今天，对人类社会创造的各种文明，我们都应该学习借鉴，积极吸纳其中的有益成分，使人类创造的一切文明中的优秀文化基因与当代文化相适应、与现代社会相协调，把跨越时空、超越国度、富有永恒魅力、具有当代价值的优秀文化精神弘扬起来。这种学习借鉴，关键是立足于本国本民族实际，以我为主、为我所用，取长补短、择善而从，而不是囫囵吞枣、莫衷一是。

社会主义文化是面向未来的文化。面向未来，就是要求文化建设与时俱进、不断创新，对自身的生命力和前景充满信心。改革开放以来，我们成功地开创了中国特色社会主义道路，为文化建设提供了坚实基础。随着经济发展和社会进步，我国文化正迎来一个繁荣兴盛的黄金期。面向未来，我们要把握好世界发展大势，把握好经济社会发展对文化建设的新要求，把握好人民群众对文化生活的新期待，汇聚各个方面文化创造的积极性，努力实现文化发展的新跨越。同时还要看到，当今时代，网络技术孕育了具有信息时代特征的文化形态、文化样式，极大地提高了文化产品创作生产的效率，极大地丰富了文化产品和服务的内容。必须顺应网络化信息化时代潮流，抓住难得机遇，把互联网作为传播先进文化、提供公共文化服务、丰富精神文化生活的新阵地新平台，努力建设中国特色社会主义网络文化，为我国文化发展注入新动力、开辟新领域。

社会主义文化是民族的文化。任何一个民族的文化既有共性，也有个性。每一个国家和民族的文明都扎根于本国本民族的土壤之中，都有自己的本色、长处、优点。苏格拉底曾说，"每个人身上都有太阳"。孟子也说过，"物之不齐，物之情也"。正因为不同文明各有千秋、各具特色，才使得这个世界姹紫嫣红。中华文明

5000 多年来一脉相承、从未中断，一直延续到今天，不仅为中华民族生生不息、发展壮大提供了丰厚滋养，也为人类文明进步作出了独特贡献。中国特色社会主义文化，就是绵延至今的中华文化的"接续"和提升，具有鲜明的民族性。这是我们发展社会主义文化的深厚底蕴和独特优势，任何时候都不能丢。历史和现实告诉我们，国家要独立，不仅政治上、经济上要独立，思想文化上也要独立。如果丧失文化的民族特色，结果只能是亦步亦趋，变成别人的附庸。特别是在经济全球化和我国对外开放不断扩大的情况下，我们更应该保持中华文化的特色，更应该体现中华民族精神。

社会主义文化是科学的文化。科学性是社会主义文化的鲜明特征，它揭示的是社会主义文化的先进性，体现于中国特色社会主义文化的方方面面。中国特色社会主义文化的科学性，源于它反映了先进生产力的要求，反映了人民大众的需求，代表着先进文化的前进方向；源于它遵循文化自身发展规律，坚持实事求是、与时俱进、不断创新，以科学的态度对待传统文化和外来文化；源于马克思主义的真理性，这是社会主义文化科学性的根本所在。新时代发展中国特色社会主义文化，就要把握文化建设的内在规律，构建科学合理的文化发展格局，转变发展方式、提高文化发展的质量和效益；就要把握文化发展的阶段性、多样性和长期性，坚持弘扬主旋律与提倡多样化相统一，在多元中立主导、在多样中谋共识；就要用习近平新时代中国特色社会主义思想武装全党、指导实践、推动工作，不断赋予当代中国马克思主义更加鲜明的时代特色、实践特色、理论特色、民族特色。

社会主义文化是大众的文化。人民群众需要文化，文化更需要人民群众。人民群众是推动历史进步的主体，不仅是物质财富的创造者，也是精神文化的创造者。追溯文化的起源，无论是作为观念形态的价值理念、道德情操，还是作为艺术形式的音乐舞蹈、书法绘画、诗词歌赋，文化都源自人民群众的生产生活，人民群众才是文化的真正创造者。中国特色社会主义文化，就是"以人民为中心"的文化，人民群众共建共享是最鲜明的特征。进入新时代，人民群众对实现自身文化权益的要求越来越高，对丰富精神文化生活的期待越来越热切。这就要求我们始终牢牢坚持以人民为中心的工作导向，把实现好维护好发展好人民群众根本利益作为文化建设的出发点和落脚点，更加准确地把握群众需求，更加精准、更高质量地提高精神文化产品供给水平，不断增强人民群众的文化获得感、幸福感。

四、推动物质文明和精神文明协调发展

恩格斯曾经说过，文化植根于"一个民族或一个时代的一定的经济发展阶段"。文化建设既不能"单兵突进"，也不能"掉队落后"，必须与经济、政治、社会、生态文明等方面建设相协调、相适应。一言以蔽之，必须推动物质文明与精神文明协调发展。

物质贫乏不是社会主义，精神空虚也不是社会主义，中国特色社会主义是全面发展、全面进步的社会主义。物质文明与精神文明，是人类认识世界、改造世界全部成果的总括和结晶。推动物质文明和精神文明协调发展，是马克思主义的本质要求，是坚持和发展中国特色社会主义的内在要求，也是建设社会主义现代化强国、实现中华民族伟大复兴中国梦的必然要求。习近平总书记强调，要以辩证的、全面的、平衡的观点正确处理物质文明和精神文明的关

系，只有物质文明建设和精神文明建设都搞好，国家物质力量和精神力量都增强，全国各族人民物质生活和精神生活都改善，中国特色社会主义事业才能顺利向前推进。

改革开放之初，我们党就提出了社会主义精神文明建设的战略任务，确定了"两手抓、两手都要硬"的方针，在物质文明不断进步的同时，精神文明建设也取得巨大成就。但也要看到，有些地方和领域还存在"一手硬一手软"的情况，重视抓经济工作，轻视精神文明建设，以致出现了不少问题。一些人价值观缺失，观念没有善恶，行为没有底线，没有国家观念、集体观念、家庭观念，不讲对错，不问是非，不知美丑，不辨香臭，浑浑噩噩，穷奢极欲。新时代我们建设中国特色社会主义文化，就是要补上这个短板，把新发展理念落到实处，为实现中华民族伟大复兴中国梦提供强大精神动力和智力支持。我们要进一步深化对推动"两个文明"协调发展极端重要性的认识，不断增强新形势下"两手抓、两手都要硬"的政治自觉、思想自觉、实践自觉。

新时代推动"两个文明"协调发展，要坚持社会主义先进文化前进方向，坚持以人民为中心的工作导向，坚持把社会效益放在首位、社会效益和经济效益相统一，贯彻落实社会主义精神文明建设的一系列重要方针政策，更好地体现时代性、把握规律性、富于创造性。具体而言，就是紧紧抓住理想信念这个根本，凝魂聚气、强基固本，坚持中国道路、弘扬中国精神、凝聚中国力量，团结全国各族人民，同呼吸、共命运、心连心，为实现中华民族伟大复兴的中国梦而不懈奋斗；就是求真务实、真抓实干，深化群众性精神文明创建，加强优秀精神文化产品创作，抓好工程项目，抓好日常平常，促进人的全面发展，培育有理想、有道德、有文化、有纪律的社会主义公民；就是建章立制、依法管理，妥善处理意识形态领域的问题；就是古为今用、推陈出新，实现中华优秀传统文化创造性转化和创新性发展，推动中华文化走向现代化；就是主动适应经济社会发展变化，积极探索有利于解放和发展文化生产力，有利于破解工作难题的新举措、新办法和新载体、新途径，加快文化机制、内容、业态、形式等各方面创新步伐，引领时代潮流，引领时代风气。

第三节　坚定不移沿着中国特色社会主义文化发展道路前进

实践是最好的教材。中国特色社会主义文化发展道路走得对不对，走得好不好，关键看实践。事实充分证明，中国特色社会主义文化发展道路，是发展社会主义先进文化、实现中华文化繁荣兴盛的唯一正确道路。只有坚持这条道路而不是别的什么道路，我们才能不断坚定文化自信，朝着建设社会主义文化强国的目标阔步前进。

一、中国特色社会主义文化建设呈现崭新局面

"历尽天华成此景，人间万事出艰辛。"党的十八大以来，在以习近平同志为核心的党中央坚强领导下，在习近平新时代中国特色社会主义思想指引下，文化建设与党和国家全局工作同步同向、向上向好，取得了历史性成就，发生了历史性变革。

马克思主义在意识形态领域指导地位更加巩固。党的十八大以

2017 年 5 月 16 日，中国少年社会主义核心价值观少儿组歌唱响校园活动在京启动　　　　　　　　　　　　　　　　　　　　　　（新华社记者　高静／摄）

来，以习近平同志为核心的党中央高度重视意识形态工作，反复强调一刻也不能放松和削弱意识形态工作。习近平总书记就意识形态领域的方向性、根本性、全局性问题作出一系列重要论述和重大部署，指导和推动意识形态工作开创了崭新局面。主旋律更加响亮，正能量更加强劲，"四个意识"不断增强、"四个自信"更加坚定，习近平总书记作为全党的核心和党中央的核心得到全党全国人民的一致拥护和爱戴，全党全国人民团结奋斗的精神、革命的精神、干事创业的激情得到极大激发，马克思主义在意识形态领域的指导地位更加鲜明，全党全国人民思想上更加团结统一。习近平新时代中国特色社会主义思想作为党和国家必须长期坚持的指导思想，写入党章，载入宪法，为党、国家和人民提供了最强大的思想武器，实现了党和人民在精神上的完全主动。

社会主义核心价值观深入人心。党的十八大以来，习近平总书记就培育和践行社会主义核心价值观进行了一系列深刻论述，为培育和践行社会主义核心价值观指明了方向，提供了重要遵循。社会主义核心价值观建设成效显著：认识不断深化，认知认同不断增强；榜样力量充分彰显，正能量不断凝聚；道德实践广泛深入，人民群众的道德意识得以提高，整个社会的道德风气得到明显好转；社会主义核心价值观入法入规有力推进，体现到法律法规的立改废释之中，贯穿到立法、行政、司法全过程；精神文明创建活动得到拓展，整个社会的文明程度不断提高。党风、政风、民风明显好转，理想信念更加坚定，社会主义核心价值观内化于心、外化于行，逐渐成为全国人民行为的根本遵循。

国家文化软实力极大增强。文化体制不断完善，具有四梁八柱性质的文化体制改革任务基本完成，一批重要领域和关键环节改革举措取得重大突破，现代文化市场体系和现代文化产业体系更加健全，中国特色社会主义文化制度更加成熟更加定型。现代公共文化服务体系框架基本形成，人民文化权益得到更好保障。文化产业持续健康发展，文化市场日益繁荣。2017年，我国文化产业产值达3.55万亿元，从2012年到2017年，我国文化产业始终保持两位数增长，年均增速达13%，文化产业产值增速远远高于国内生产总值的增长速度。现在，我国书报刊出版和电视剧生产总量居世界第一位，电影产量居世界第二位，电影银幕数近6万块。

中华文化影响力大幅提升。传统文化资源的挖掘整理系统推进；传统文化精粹得到发扬光大；传统文化呈现新样式、焕发新活力。我们把加快中华文化走出去作为一项重大战略，制定印发一系列指导性文件，部署推进国际传播能力建设和对外话语体系建设。整合中央媒体外宣资源，高起点、高标准打造外宣旗舰媒体，加

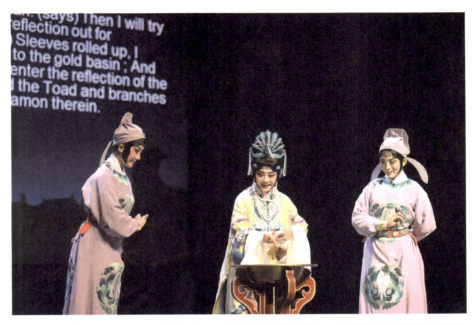

2018 年 9 月 19 日，在约旦河西岸城市拉姆安拉，中国国家京剧院演员为当地观众表演《长生殿》选段 *（新华社记者 赵悦/摄）*

强同国外主流媒体和新闻界的交流合作，国际传播能力不断增强。完善政府间人文交流机制，截至 2017 年底，我国已与 157 个国家签署文化合作协定，对外文化交流更加频繁、形式更加多样。在国际贸易低迷的背景下，我国文化产品和服务贸易进出口总额一直保持千亿规模，一批优秀的中国图书、影视剧走出国门，热销海外，对外文化贸易持续扩大。

二、切实维护国家文化安全

文化安全是国家安全的重要保障，也是中国特色社会主义文化发展道路的重要内容。它是指整个国家的文化建设、文化发展、文化生活必须不断巩固马克思主义在意识形态领域的指导地位，不断巩固全党全国人民团结奋斗的共同思想基础。意识形态安全是文化安全的核心内容，必须把意识形态工作的领导权、管理权、话语权牢牢掌握在自己手中。我们要一以贯之增强忧患意识，始终做到居安思危。

当前，文化安全面临复杂的形势。从国际看，围绕发展模式和价值观的竞争日益凸显，各种思想文化交流、交融、交锋日趋频繁，意识形态领域渗透与反渗透的斗争尖锐复杂。伴随着中国举世瞩目的发展进步，中国发展模式的影响也日益扩大，国际社会对中国发展道路和发展模式的理性认识逐步加深。西方一些势力虽然不得不承认中国的经济发展成就，但对中国的政治制度抱有偏见，"中国威胁论""中国崩溃论"等论调不绝于耳。同时，国际舆论格局仍然是西强我弱，西方主要媒体左右着国际舆论，存在着信息流进流出的"逆差"、中国真实形象和西方主观印象的"反差"、软实力和硬实力的"落差"，我国将长期面对西方遏制、促变的压力。从国内看，随着中国特色社会主义进入新时代，我国社会主要矛盾已经转化为人民日益增长的美好生活需要和不平衡不充分的发展之间的矛盾。在新的发展阶段，人民对美好生活的需要日益广泛，对文化生活和文化产品的质量、品位、风格等提出了更高的要求，更加期待好看的电影、电视剧、图书、戏曲，更加追求讲道德、尊道德、守道德的生活，更加盼望社会风气和文明风尚的提升。同时，在社会深刻变革和对外开放不断扩大的条件下，各种社会矛盾和问题相互叠加、集中呈现，人们思想观念的独立性、差异性、多样性、多变性日益增强，马克思主义一元化指导思想面临多样化社会思潮的挑战日益凸显，社会主义核心价值观面临市场逐利性的挑战日益凸显，传统的宣传管理方式面临迅猛发展的新媒体的挑战日益凸显，我国在走近世界舞台中央过程中面临各种敌对势力的遏制和渗透的挑战日益凸显。

特别是要看到，西方反华势力利用其掌握的网络资源和技术优势，鼓吹所谓"网络自由"，加紧通过互联网对我国进行意识形态渗透，妄图以此扳倒中国。境内外敌对势力在网上相互呼应，制造大量混淆视听的负面舆论，恶意抹黑中国的国家形象、政府形象和社会基本面。虽然他们打着种种冠冕堂皇的旗号，但其目的就是要同我们党争夺阵地、争夺人心、争夺群众，最终推翻中国共产党的领导和中国特色社会主义制度。如果听任这些言论大行其道，势必搞乱党心民心，危及社会和谐稳定和国家政权安全，决不能掉以轻心。

"明者防祸于未萌，智者图患于将来。"中国特色社会主义进入新时代，必须把统一思想、凝聚力量作为宣传思想工作的中心环节，更加自觉地承担起维护国家文化安全的责任。我们必须既积极主动阐释好中国道路、中国特色，又有效维护我国政治安全和文化安全。必须坚持以立为本、立破并举，不断增强社会主义意识形态的凝聚力和引领力。旗帜鲜明坚持真理，立场坚定批驳谬误。要压实压紧各级党委（党组）责任，做到任务落实不马虎、阵地管理不懈怠、责任追究不含糊。

实践已经证明并将继续证明，中国特色社会主义文化发展道路，是引领"中国号"文化巨轮劈波斩浪、胜利前行的旗帜。回首过去，我们已经在这条道路上取得了不平凡的成就；展望未来，只有继续沿着这条道路前进，才能有效应对各种复杂局面和风险考验，更好服务党和国家工作大局，更好满足人民群众的文化需求，更好增强党、国家和民族的凝聚力向心力，谱写文化强国壮丽篇章。

❦ 本章小结 ❧

中国特色社会主义文化发展道路，指明了我国文化建设的前进方向和发展路径，是我们党长期领导文化建设实践经验的集中体现，是新时代推动社会主义文化繁荣兴盛的必由之路。这条道路来之不易、弥足珍贵，必须倍加珍惜。进入新时代，推动社会主义文化繁荣兴盛，关键是坚定不移走这条道路、与时俱进发展这条道路。

【思考题】

1. 如何理解中国特色社会主义文化发展道路的丰富内涵？

2. 社会主义文化建设为什么必须坚持以马克思主义为指导？

3. 文化建设如何处理好不忘本来、吸收外来、面向未来的关系？

4. 如何认识和维护国家文化安全？

第二章

牢牢掌握意识形态工作领导权

意识形态工作事关党的前途命运，事关国家长治久安，事关民族凝聚力和向心力。习近平总书记在党的十九大报告中指出："意识形态决定文化前进方向和发展道路。必须推进马克思主义中国化时代化大众化，建设具有强大凝聚力和引领力的社会主义意识形态，使全体人民在理想信念、价值理念、道德观念上紧紧团结在一起。"这是新时代进一步加强意识形态工作的职责使命，也是全党必须担负起的一个战略任务。

第一节　意识形态工作是党的一项
极端重要的工作

意识形态对一个政党、一个国家、一个民族的生存发展至关重要。党的十八大以来，以习近平同志为核心的党中央高度重视意识形态工作，就意识形态领域的方向性、根本性、全局性问题作出一系列重要论述和重大部署，进一步明确了意识形态工作的地位作用、目标任务、基本要求和主体责任，为建设社会主义意识形态提供了科学指引。

一、意识形态工作关乎旗帜、关乎道路、关乎国家政治安全

意识形态（ideology），意为关于观念的理论。1797 年，法国哲学家德·特拉西在其《意识形态原理》中使用了"意识形态"一词。当时特拉西提出意识形态的概念，意指观念的科学，目的是将哲学与经院哲学相区别，以便对人的认识进行研究。此后，德国古典哲学家黑格尔、费尔巴哈也对意识形态做过研究和阐述。

马克思主义经典作家主要是从三种意义上使用意识形态概念的：第一种是指与唯物史观对立的唯心史观的观念体系，即颠倒了社会存在与社会意识关系的唯心主义体系。马克思和恩格斯在这个意义上对青年黑格尔派的意识形态进行了批判。第二种是指为剥削阶级利益服务的意识形态。马克思、恩格斯指出，历史上出现的各种意识形态都是在社会阶级和利益冲突中，通过掩盖统治阶级的利益，为其阶级统治的政治合法性提供理论辩护，是具有欺骗性的、虚假的意识形态。第三种是指作为历史唯物主义基本范畴的意识形态，即作为观念形态的社会意识和精神现象。马克思和恩格斯认为，作为观念形态的社会意识，包括一定社会的政治、法律、思想、道德、宗教和其他社会意识形式等，是社会存在即社会生活在人头脑中的反映，它在本质上是一定阶级的思想体系。

根据马克思主义意识形态观，可以把意识形态界定为：一定社会历史条件下社会阶级、阶层和利益集团自觉、系统地反映社会、经济、政治关系与制度的思想体系，具体体现为哲学、政治、法律、道德、宗教、艺术等社会意识形式。

习近平总书记强调，意识形态工作是党的一项极端重要的工作，在集中精力进行经济建设的同时，我们一刻也不能放松和削弱意识形态工作。这一重要论述从党和国家发展全局的高度，深刻阐明了意识形态工作的重要性。

历史发展表明，一个政权的瓦解往往是从思想领域开始的，政治动荡、政权更迭可能在一夜之间发生，但思想演化是个长期过程，思想防线被攻破了，其他防线就很难守住。必须把意识形态工作的领导权、管理权、话语权牢牢掌握在自己手中，任何时候都不能旁落，否则就要犯无可挽回的历史性错误。20 世纪 80 年代，苏共搞"指导思想多元化"、取消马克思主义的指导地位，导致反马克思主义、反共产党的声音甚嚣尘上，结果苏共历史被彻底否定，思想被彻底搞乱，意识形态大厦根基动摇，最后偌大一个苏联就轰然倒塌了。苏共在有 20 多万党员时"建国"，在有 200 多万党员时"卫国"，在有 2000 多万党员时"亡党亡国"，教训极为惨痛！

当前，我国意识形态领域面临的内外部环境发生深刻变化。改革开放 40 年来，社会存在的巨大变化给人们的思想观念包括意识形态带来深远影响。人们思想观念的丰富性、独立性、差异性显著增强，价值观念、价值取向更趋多元多样多变。还要看到，在新的经济社会环境下，拜金主义、享乐主义、极端个人主义的滋生，重个人轻集体、重物质轻精神等思想意识的滋生，给巩固全体人民团结奋斗的共同思想基础带来新挑战。随着改革进入攻坚期和深水区，利益格局深刻调整，我国社会主要矛盾发生历史性变化，人民群众的利益诉求呈现多层次多样化，民生问题更受关注，相应的政治诉求和意识形态诉求也必然会发生新变化、出现新情况。这些都对意识形态工作提出了新挑战。

从外部环境看，西方敌对势力一直把我国发展壮大视为对西方价值观和制度模式的威胁，想方设法对我国进行意识形态渗透和围堵。只要我国坚持中国共产党的领导、坚持社会主义制度，各种敌对势力对我国西化分化的图谋就不会改变；我们离民族复兴的目标越近、离世界舞台的中心越近，敌对势力就越会想方设法攻击抹黑中国道路、理论、制度、文化，加紧进行渗透、颠覆、围堵，加大策动"颜色革命"力度。国内国际的这种现实情况表明，我国意识形态领域的斗争更加复杂多变，维护国家意识形态安全的任务更加艰巨，必须全面加强党对意识形态工作的领导，建设具有强大凝聚力和引领力的社会主义意识形态。

二、把"两个巩固"作为意识形态工作的根本任务

一个国家、一个民族，要同心同德迈向前进，必须有共同的理想信念、共同的思想基础作支撑。马克思主义信仰、共产主义远大理想和中国特色社会主义共同理想，是中国共产党人的精神支柱和政治灵魂，也是保持全党全社会团结统一的思想基础。意识形态工作的根本任务，就是要不断巩固马克思主义在意识形态领域的指导地位，不断巩固全党全国人民团结奋斗的共同思想基础。

马克思主义是社会主义意识形态的旗帜和灵魂。只有坚持马克思主义的指导地位，才能有效引领和整合社会意识和社会思潮，在

尊重差异中扩大社会认同，在包容多样中形成思想共识，从而凝聚起实现中华民族伟大复兴的强大精神力量。

2018 年 5 月 5 日，"真理的力量——纪念马克思诞辰 200 周年主题展览"在国家博物馆开展　　　　　　　　（新华社记者　金良快/摄）

　　坚持以马克思主义为指导，首先要解决真懂真信的问题。人们必须有了正确的世界观、方法论，才能更好地观察和解释自然界、人类社会、人类思维各种现象，揭示蕴含在其中的规律。只有真正弄懂了马克思主义，才能在揭示共产党执政规律、社会主义建设规律、人类社会发展规律上不断有所发现、有所创造，才能更好识别各种唯心主义观点、更好抵御各种历史虚无主义谬论。

　　坚持以马克思主义为指导，核心要解决好为谁服务的问题。为谁服务的问题是根本性、原则性问题。我们的党是全心全意为人民服务的党，我们的国家是人民当家作主的国家，党和国家一切工作的出发点和落脚点是实现好、维护好、发展好最广大人民根本利益。时代是出卷人，我们是答卷人，人民是阅卷人。要坚持以人民为中心，把党的群众路线贯彻到治国理政全部活动之中，把人民对美好生活的向往作为奋斗目标，不断促进人的全面发展、全体人民共同富裕，团结带领人民创造历史伟业。

坚持以马克思主义为指导，最终要落实到怎么用上来。马克思主义具有与时俱进的理论品质。新形势下，坚持马克思主义，最重要的是坚持马克思主义基本原理和贯穿其中的立场、观点、方法。这是马克思主义的精髓和活的灵魂。把坚持马克思主义和发展马克思主义统一起来，结合新的实践不断作出新的理论创造，这是马克思主义永葆生机活力的奥妙所在。

坚持以马克思主义为指导，必须落到研究我国发展和我们党执政面临的重大理论和实践问题上来，落到提出和解决问题的正确思路和有效办法上来，努力揭示我国社会发展、人类社会发展的大逻辑大趋势，推进马克思主义中国化时代化大众化，建设具有强大凝聚力和引领力的社会主义意识形态，使全体人民在理想信念、价值理念、道德观念上紧紧团结在一起。

巩固全党全社会团结奋斗的共同思想基础，最重要的是坚持不懈用习近平新时代中国特色社会主义思想武装全党、教育人民、推动工作。习近平新时代中国特色社会主义思想是马克思主义中国化最新成果，是党和人民实践经验和集体智慧的结晶，是中国精神的时代精华，是国家政治生活和社会生活的根本指针。这一思想回答了一系列重大问题，提出了一系列富有时代性、创造性、人民性的重大论断，廓清了一系列大是大非，在党领导人民推进"四个伟大"的历史进程中，展现出强大的真理力量、独特的思想魅力、巨大的实践伟力，得到了全党全国各族人民高度的政治认同、思想认同、情感认同，成为指引为人民谋幸福、为民族谋复兴的思想之旗，成为凝聚中国人民勠力同心、奋勇前进的精神之魂。要坚持用习近平新时代中国特色社会主义思想武装全党、教育人民，真正在学懂弄通做实上下功夫，推动当代中国马克思主义、21世纪马克思主义深入人心、落地生根，筑牢全国各族人民团结统一的思想根基。

坚持把凝聚民心作为意识形态工作的出发点和落脚点。意识形态工作本质上是政治工作。民心是最大的政治。习近平总书记指出："一个政党，一个政权，其前途命运最终取决于人心向背。"要坚持以人民为中心的工作导向，为党的中心工作服务，旗帜鲜明地宣传党和人民的立场、观点和主张，把全党全国人民士气鼓舞起来，精神振奋起来，万众一心朝着党中央确定的宏伟目标团结奋进。要着力提高正面宣传的吸引力、感染力，科学分析、正确对待、及时解决群众关心的困难和问题，发挥思想引领作用，把工作真正做到群众的心坎上，更好地引导群众、服务群众。要充分发挥正面宣传鼓舞人、激励人的作用，唱响主旋律，壮大正能量，为实现中华民族伟大复兴凝聚强大舆论力量、营造良好舆论氛围。

三、把坚定"四个自信"作为建设社会主义意识形态的关键

意识形态工作是为国家立心、为民族铸魂，要抓住根本，把坚定"四个自信"作为建设社会主义意识形态的关键。改革开放40年来，我们在中国特色社会主义道路、理论、制度、文化方面探索和建设取得了举世瞩目的成就，充分显示了我们道路的正确性、理论的科学性、制度的优越性、文化的先进性，奠定了坚定"四个自信"

的物质基础和思想基础。当前，在"西强我弱"国际舆论格局没有发生根本改变的前提下，我国意识形态领域还存在这样那样的问题，说到底，这些问题仍然是道路之争、理论之争、制度之争、文化之争。坚定"四个自信"，筑牢全国人民共同奋斗的思想根基任重道远。

筑牢"四个自信"的思想根基。中国共产党团结带领亿万人民战天斗地、改天换地的奋斗传奇，中华人民共和国由一穷二白而繁荣昌盛的发展奇迹，中华民族从衰落沉沦到巍然屹立的复兴历程，这是我们坚定走中国特色社会主义道路的信心之源。要深刻认识到中国道路的历史必然、辉煌历程和光明前景，深刻认识到理论体系的真理基因和创新价值，深刻认识到制度的独特优势和强大生命力，深刻认识到文化的历史底蕴、革命气质和先进特性，自觉打牢坚定自信的思想基础。

构建充分体现"四个自信"的话语体系。有了自信的内核，还要有自信的表达。话语的背后，往往是特定的思维模式、价值判断，也深刻体现意识形态属性。西方的思想理论和话语概念，大多渗透着西方价值观念，在中国发展的奇迹面前疲软无力，既解释不了中国的成功，也解决不了中国的问题。要坚持以马克思主义为指导，加快构建中国特色哲学社会科学话语体系，提高议题设置能力、引领能力，打通政治话语和学术话语，用中国话语概括总结中国道路、中国经验、中国方案，更好构筑中国精神、中国价值、中国力量。

营造坚定"四个自信"文化舆论环境。自信的形成非一日之功，自信的坚定少不了时时浸润和反复磨砺。往往在顺境中谈自信比较容易，在稍有磕绊甚至是重大困难挑战面前就没那么淡定从容。面对前进路上的"绊脚石""拦路虎"，更要有坚定的信念、必胜的信心。新闻宣传、文化文艺作品等所有精神文化产品、精神文明创建活动，都应传递出一种积极自信的精气神，引导人们理性客观地看待困难挑战，不断鼓足在发展中解决问题的信心勇气，让人们能于花繁柳茂处拨得开、于风狂雨骤中立得定，自觉投身于新时代新征程。

第二节　加快构建中国特色哲学社会科学体系

哲学社会科学作为人们认识世界、改造世界的重要工具，是推动历史发展和社会进步的重要力量。习近平总书记强调，人类社会每一次重大跃进，人类文明每一次重大发展，都离不开哲学社会科学的知识变革和思想先导。新时代坚持和发展中国特色社会主义，需要不断在实践和理论

《在哲学社会科学工作座谈会上的讲话》

上进行探索，用发展着的理论指导发展着的实践。在这个过程中，哲学社会科学具有不可替代的重要地位，哲学社会科学工作者具有不可替代的重要作用。

一、坚持马克思主义在哲学社会科学领域的指导地位

中华民族从站起来、富起来到强起来的发展历程充分证明，坚持以马克思主义为指导、坚持和发展马克思主义是我们事业成功的关键所在。正是因为我们党坚持马克思主义基本原理同中国具体实际相结合，运用马克思主义立场、观点、方法研究解决各种重大理论和实践问题，才引发了中华文明的深刻变革和中国面貌的深刻变化，指导党和人民取得了举世瞩目的伟大成就。历史和现实证明，

我国哲学社会科学坚持以马克思主义为指导，是近代以来我国发展历程赋予的规定性和必然性。只有坚持以马克思主义为指导，才能确保中国特色哲学社会科学发展始终保持正确方向。

坚持以马克思主义为指导，关键在于真学、真懂、真信、真用。马克思主义关于世界的物质性及其发展规律、人类社会及其发展规律、认识的本质及其发展规律等原理，为我们研究把握哲学社会科学各学科各领域提供了基本的世界观、方法论。只有以这一重要思想为指导，我们才能保证哲学社会科学研究保持正确的政治方向和学术导向，不断深化对共产党执政规律、社会主义建设规律、人类社会发展规律的认识。

坚持以马克思主义为指导，核心要解决好为了谁的问题。为谁著书、为谁立说，是我国哲学社会科学必须搞清楚的根本性、原则性问题。脱离了人民，哲学社会科学就不会有吸引力、感染力、影响力、生命力。要坚持从人民群众的生产生活中，从中国特色社会主义的伟大实践中汲取智慧营养，创造经得起实践、人民、历史检验的研究成果。树立为人民做学问的理想，自觉把个人学术追求同国家和民族发展紧紧联系在一起，积极为党和人民述学立论、建言献策，担负起历史赋予的光荣使命。

"凡贵通者，贵其能用之也。"当代中国正处于爬坡过坎的紧要关口，进入发展关键期、改革攻坚期、矛盾凸显期，许多问题互相交织、叠加呈现。建设具有中国特色、中国风格、中国气派的哲学社会科学，必须立足中国实际，以我们正在做的事情为中心，把研究回答新时代重大理论和现实问题作为主攻方向，从当代中国伟大社会变革中发现新问题，挖掘新材料，提出新观点，构建创新性的新理论。始终着眼党和国家事业发展大局，紧贴党和国家决策需求，推出更多对政策制定有重要参考价值、对事业发展有重要推动作用的优秀成果，努力揭示我国社会发展、人类社会发展的大逻辑大趋势，发挥理论对实践的指引作用，为实现中华民族伟大复兴的中国梦提供智力支持。

二、构建全方位、全领域、全要素的哲学社会科学体系

中国特色哲学社会科学体系能否构建起来，关键看有没有"中国特色"。跟在别人后面亦步亦趋，甚至是削足适履，不仅难以形成中国特色哲学社会科学体系，更解决不了我国的实际问题。这就决定了中国特色哲学社会科学体系的构建，必须在指导思想、学科体系、学术体系、话语体系等方面充分体现中国特色、中国风格、中国气派。

首先，要构建中国特色哲学社会科学学科体系。完善的学科体系，是筑牢当代中国哲学社会科学发展的平台支撑。提高学科体系的建设水平，一是加强马克思主义学科建设；二是加快完善对哲学社会科学具有支撑作用的学科，如哲学、经济学、政治学等；三是注重发展优势重点学科，重点布局一批对文明传承有重大影响、同经济社会发展密切相关的学科；四是加快发展具有重要现实意义的新兴学科和交叉学科，使这些学科研究成为我国哲学社会科学的重要突破点；五是重视发展具有重要文化价值和传承意义的"绝学"、冷门学科。总之，使基础学科健全扎实、重点学科优势突出、新兴学科和交叉学科创新发展、冷门学科代有传承、基础研究和应用研究相辅相成、学术研究和成果应用相互促进。

其次，要构建中国特色哲学社会科学学术体系。扎根中国大

地，突出时代特色，树立国际视野，提高运用马克思主义指导学术体系建设和学术研究的能力，善于融通马克思主义的资源、中华优秀传统文化的资源、国外哲学社会科学的资源，不断推进知识创新、理论创新、方法创新，提升学术原创能力和水平，推动学术理论中国化。要从我国改革开放的实践中挖掘新材料、发现新问题、提出新观点、构建新理论，提炼出有学理性的新理论，概括出有规律性的新实践。要建立激发科研活力的体制机制，统筹管理好重要人才、重要阵地、重大研究规划、重大研究项目、重大资金分配、重大评价评奖活动，加强学术共同体建设、哲学社会科学基础设施和信息化建设。构建具有自身特质的学术评价体系，坚持正确的学术导向，以学术质量、社会影响、实际效果为衡量标准，建立科研信用管理、评价结果公布等制度，建立健全分类评价机制，科学设置考核周期，引导教学研究人员潜心钻研、铸造精品。

最后，要构建中国特色哲学社会科学话语体系。在解读中国实践、构建中国理论上，中国人最有发言权，但实际上我国哲学社会科学在国际上的声音还比较小，还处于有理说不出、说了传不开的境地。要坚持用中国理论阐释中国实践、用中国实践升华中国理论，创新对外表达方式，提升国际话语权。深化党的理论创新成果的学理阐释，将党的创新理论成果的核心思想、关键话语体现到各学科体系当中。善于提炼标识性概念，打造易于为国际社会所理解和接受的新概念、新范畴、新表述，努力做到"中国立场，国际表达"。

三、坚持和加强党对哲学社会科学工作的领导

中国共产党的领导是中国特色社会主义最本质的特征。哲学社

会科学事业是党和人民的重要事业，建设具有中国特色、中国风格、中国气派的哲学社会科学，必须坚持和加强党的领导，这是繁荣发展我国哲学社会科学事业的根本保证。

加强党对哲学社会科学的政治领导和工作指导。坚持一手抓繁荣发展、一手抓引导管理。遵循科研管理规律，深化管理体制改革，形成既能把握正确方向又能激发科研活力的体制机制，统筹管理好重要人才、重要阵地、重大研究规划、重大研究项目、重大资金分配、重大评价评奖活动。统筹优化科研布局，合理配置资源，处理好投入和效益、数量和质量、规模和结构的关系，增强哲学社会科学发展能力。

树立正确的政治立场。哲学社会科学工作的鲜明政治属性必然对哲学社会科学工作者的政治立场提出明确要求。政治立场不同，其认识社会、研究社会的结论也必然不同。习近平总书记强调，广大哲学社会科学工作者要成为"先进思想的倡导者、学术研究的开拓者、社会风尚的引领者、党执政的坚定支持者"。要始终坚持党性和人民性的统一，坚定政治立场，立时代之潮头、通古今之变化、发思想之先声，坚决反对和抵制西方宪政民主、普世价值、新自由主义、历史虚无主义等错误思潮。

把人才队伍建设作为基础性建设。要把人的建设摆到哲学社会科学各类建设的中心位置，既能立足当下聚天下英才而用之，使人尽其才、才尽其用，又能面向未来加强新人的培养，积极涵育哲学社会科学持续繁荣发展的未来中坚。着力发现、培养、集聚一批有深厚马克思主义理论素养、学贯中西的思想家和理论家，一批理论功底扎实、勇于开拓创新的学科带头人，一批年富力强、锐意进取的中青年学术骨干；造就一支立场坚定、功底扎实、学风优良的哲学社会科学人才队伍，使他们成为先进思想的倡导者、学术研究的开拓者、社会风尚的引领者、党执政的坚定支持者。

推动形成优良学风，营造良好的学术生态。中华民族的伟大复兴为我国哲学社会科学的发展提供了空前的重大历史机遇。面临这样的机遇，对于广大哲学社会科学工作者来说，是幸运，更是责任和挑战。要发扬"板凳要坐十年冷，文章不写一句空"的学术精神，耐得住寂寞，经得住诱惑，守得住底线，立志做大学问、做真学问，多出经得起实践、人民、历史检验的优秀成果，既做到著作等"身"，又做到著作等"心"，为建设具有中国特色、中国风格、中国气派的哲学社会科学，实现中华民族伟大复兴的中国梦作出新的更大贡献。

第三节　做大做强主流思想舆论

建设具有强大凝聚力和引领力的社会主义意识形态，就要把聚民心作为重要职责使命，牢牢把握正确舆论导向，唱响主旋律，壮大正能量，做大做强主流思想舆论，把全党全国人民士气鼓舞起来、精神振奋起来，朝着党中央确定的宏伟目标团结一心向前进。

一、做好新闻舆论工作是治国理政安邦定国的大事

新闻舆论是新闻传播过程中形成的一种与社会现实紧密联系、对社会产生巨大影响的意识形态，具有内在的思想性、广泛的传播性、深刻的影响性等特点，关系社会心态走向，关系社会价值导

向，关系社会思想观念。新闻舆论工作是最前沿、最直接、最有影响力的意识形态工作，是党的工作的重要组成部分，直接服务于党的工作全局。

意识形态工作做得如何，很重要的是看能否把握大局要求，营造良好舆论氛围。伴随我国经济社会的深刻变革，我国的舆论环境、媒体格局、传播方式已经发生了深刻的变化，社会舆论日益复杂多变。各种敌对势力也在进行意识形态渗透，同我们争夺舆论阵地、争夺人心，新闻舆论成为意识形态斗争中最直接、最突出的领域。在多元竞争中掌握主动权，在复杂多变中引领舆论导向，是党的新闻舆论工作的紧迫任务。我们面临的机遇和挑战前所未有，必须增强主动性，打好主动仗，坚决打赢新闻舆论争夺战。要旗帜鲜明坚持真理，立场坚定批驳谬误。

新闻舆论工作思想性、导向性很强。新闻舆论工作是社会精神力量的凝结剂、社会压力的减压阀、社会情绪的调节器，有利于反映人民愿望呼声，有利于群众了解党和政府决策信息，有利于党和政府倾听工作意见建议。要进一步做好新闻舆论工作，畅通群体表达意见渠道，引导人们了解事实真相，正确认识经济社会发展中的问题，理顺社会情绪，化解社会矛盾，形成社会共识，促进社会和谐发展，为治国理政、安邦定国提供良好舆论环境。

二、坚持新闻舆论工作的基本原则

新时代做好新闻舆论工作，必须坚持党管媒体原则，加强党对新闻舆论工作的全面领导，把新闻舆论工作领导权牢牢掌握在党的手里，更好地巩固壮大主流意识形态，不断增强意识形态领域的主导权和话语权，不断提升党、国家和民族的凝聚力和向心力。

坚持党管媒体原则。这是由我们国家的性质和我们党的领导地位决定的。我国是社会主义国家，我们党是马克思主义执政党，是各项事业的领导核心。新闻事业作为党的事业的组成部分，必须无条件接受党的领导，必须充分体现党的意志、宣传党的主张。我们的媒体是党和人民的媒体，是党和人民的喉舌，党性和人民性是统一的，这与西方国家的媒体有着本质区别。习近平总书记明确指出，"党的新闻舆论媒体的所有工作，都要体现党的意志、反映党的主张，维护党中央权威、维护党的团结，做到爱党、护党、为党；都要增强看齐意识，在思想上政治上行动上同党中央保持高度一致"。坚持党媒姓党，最根本的是坚持党对新闻舆论工作的领导，这既是党的媒体的根本政治属性，也是新闻舆论工作党性原则最根本的内容。具体而言，坚持党媒姓党，就是要旗帜鲜明坚持党管宣传、党管意识形态、党管媒体，坚持政治家办报、办刊、办台、办新闻网站，在政治方向、舆论导向、价值取向上立场坚定；要求党的新闻舆论媒体的所有工作都要体现党的意志、反映党的主张，维护党中央权威、维护党的团结；所有媒体都要接受党的领导，无论是广播电视、新闻出版单位，还是社科理论、文化艺术单位，无论是传统媒体还是新兴媒体，自觉用一把尺子量到底，传播好党的声音和主张，决不允许有"特殊成员"和"舆论飞地"。

牢牢坚持正确的舆论导向。舆论导向正确，就会起到弘扬传播正能量、鞭挞抑制假恶丑的作用；反之，尤其是政治导向上的偏差，就会"谬误出于口，则乱及万里之外"，给党和人民造成不可挽回的损失。党的新闻舆论工作必须把坚持正确的舆论导向放在第一位，把握好政治导向，全面科学地分析形势，善于从政治上观察和处理问题，更好地围绕中心、服务大局，牢牢坚持团结稳定鼓劲、正面宣传为主的基本方针，切实担负起"高举旗帜、引领导向，围绕中心、服务大局，团结人民、鼓舞士气，成风化人、凝心聚力，澄清谬误、明辨是非，联接中外、沟通世界"的职责和使命。

牢牢坚持马克思主义新闻观。新闻观是新闻舆论工作的灵魂，是新闻工作者的精神方向、力量源泉，决定着新闻工作者的思想导向。新闻舆论工作者要按照马克思主义新闻观的要求，旗帜鲜明地坚持党性原则，做党的政策主张的传播者、时代风云的记录者、社会进步的推动者、公平正义的守望者；坚持以正确的舆论引导人，把坚持正确的舆论导向贯穿于新闻舆论工作的各个方面、各个环节；坚持巩固壮大主流思想舆论，弘扬主旋律，传播正能量，激发全社会团结奋进、攻坚克难的强大力量，调动各方面的积极性主动性创造性。要增强政治敏感性，认清西方所谓"新闻自由"的虚伪性和欺骗性，旗帜鲜明地反对西方新闻观，自觉抵制和有力回击西方新闻观散布的错误思想观点。

三、尊重新闻传播规律，创新传播方法手段

新闻传播具有其自身的规律性。国内外形势发展和信息技术日新月异，使得做好新闻舆论工作比以往任何时候都更加需要创新。

提升新闻舆论的引领能力。习近平总书记指出，做好当前的新闻舆论工作，要抓住时机、把握节奏、讲究策略，从时度效着力，体现时度效的要求。时，就是时机、节奏。精准把握时机、节奏，

做好"早""快"的文章，舆论引导就会占领先机。特别是在新媒体海量信息传播的条件下，失去时效就会陷入被动。度，就是力度、分寸，是解决新闻舆论传播方式与方法的问题。什么问题适宜在什么范围内报道，什么问题强化报道、什么问题淡化报道，要精心把控、精准拿捏。不能为取悦受众而"失向"、因盲目介入而"失准"、为吸引眼球而"失真"、为过分渲染而"失范"、为刻意迎合而"失态"。效，就是效果、实效，是解决新闻舆论的有效性、影响力和吸引力的问题。提高新闻舆论工作的实效性，就需要讲究艺术、改进方法，增强联系实际阐释理论、围绕关切解读政策、针对问题解疑释惑，进而增强说服力和感染力。从根本上说，掌握新闻传播的规律就是掌握好时度效，将三者有机结合起来，做到合时、适度、有效，新闻舆论工作才能真正增强吸引力、感染力，进而达到实现新闻舆论引领力的目标。

增强新闻舆论的传播能力。在互联网条件下，新闻舆论工作的传播技术、传播形态、传播格局发生了深刻变革，只有与时俱进地推进传统媒体和新兴媒体深度融合，充分运用新技术新应用创新媒体传播的方式，占领信息传播的制高点，才能从整体上提高新闻舆论的传播能力。近年来，一些传统媒体与新媒体融合发展，实现参与性、互动性、多屏性全方位的一体化融合，受到业界和受众的认可。这种适应分众化、差异化传播趋势，突出媒体特色，精准定位受众，善于设置议题，做到同样主题、多样传播，形成全方位多层次多声部的主流舆论矩阵，有针对性地精准传播主流声音。当前传播能力建设的短板，在于思想理论传播和县以下大众化传播。要加强传播手段和话语方式创新，让党的创新理论"飞入寻常百姓家"。扎实抓好县级融媒体中心建设，更好引导群众、服务群众。

[案 例]

人民日报"中央厨房"与媒体融合发展

网络和数字技术裂变式发展，带来媒体格局的深刻调整和舆论生态的重大变化。人民日报"中央厨房"顺应新闻舆论分众化、差异化的传播趋势，打破"板块分割"运作模式，借助新媒体传播优势，以内容的生产传播为主线，设立总编调度中心，建立采编联动平台，统筹采访、编辑和技术力量，打造"内容＋一切端口"模式，实现"一次采集、多元生成、多渠道传播"的工作格局，形成从"相加"到"相融"的新的采编架构、新的融合思路。融合发展的关键在于融为一体、合而为一。人民日报"中央厨房"在工作机制上创新推出"融新闻工作室"，不仅实现传统媒体与新媒体记者、编辑、主持人、制作人等角色的自由切换，造就融媒体时代的"全能型记者"，而且通过媒体人的自由组合，成立创意团队，生产出人们喜闻乐见的内容产品。目前，由人民日报社编辑记者组织运营的"侠客岛""学习小组""学习路上""学习大国"等微信公众号在社会上形成了较大的影响力和传播力。

第四节　营造清朗的网络空间

网络空间是亿万民众共同的精神家园。网络空间天朗气清、生态良好，符合人民利益；网络空间乌烟瘴气、生态恶化，不符合人民利益。互联网是意识形态工作的主阵地、主战场、最前沿。我们必须充分认识到网络意识形态工作的重要性和复杂性，才能在各项工作中立于不败之地。

一、互联网是意识形态工作主阵地主战场

当今世界主要国家都把互联网作为经济社会发展、技术创新的重点，作为谋求竞争新优势的战略方向，也作为国家主流意识形态建设的重要领域。当代中国，互联网在人们的生产生活中扮演着至关重要的角色，使用网络已经成为每一个人的"日常"。中国互联网络信息中心发布的有关报告显示：截至 2018 年 6 月 30 日，我国网民规模达 8.02 亿，互联网普及率为 57.7%。我国手机网民规模达 7.88 亿，网民通过手机接入互联网的比例高达 98.3%，网民数量居世界第一位。互联网已经成为人们特别是年轻一代获取信息的主要途径，网络舆论直接影响着人们的思想观念和价值取向。谁掌握了网络，谁就抢占了意识形态斗争制高点，谁就把握住了信息时代国家安全和发展的命脉。

习近平总书记指出，"过不了互联网这一关，就过不了长期执政这一关，要确保互联网可管可控"。西方敌对势力一直妄图利用互联网技术优势扳倒中国，他们加大思想渗透力度，攻击我们党和社会主

《中国互联网络发展状况统计报告》：我国网民规模突破 8 亿 　　　　　　（新华社发　李栋 / 制图）

义制度，抹黑党的领袖，诋毁英雄人物，大肆散布历史虚无主义错误思潮，企图用"普世价值"迷惑我们。在互联网意识形态斗争这个没有硝烟的战场上，能否顶得住、打得赢，直接关系我国意识形态安全和政权安全。要坚持正能量是总要求、管得住是硬道理，科学认识网络传播规律，提高用网治网水平，使互联网这个最大变量变成事业发展的最大增量。

二、唱响主旋律，构建网上网下同心圆

实现"两个一百年"奋斗目标，需要全社会方方面面同心干，需要全国各族人民心往一处想、劲往一处使。树立共同理想、明确

共同目标、凝练共同价值观，离不开营造清朗网络空间，网上网下联动，结成共同体，画出同心圆。

加强互联网内容建设。加强网上正面宣传，旗帜鲜明坚持正确政治方向、舆论导向、价值取向，用习近平新时代中国特色社会主义思想团结和凝聚亿万网民。积极运用网络传播规律，弘扬主旋律，激发正能量，引导人们增进政治认同，强化"四个自信"，形成网上正面舆论强势。培育积极健康向上的网络文化，推动中华优秀传统文化、革命文化、社会主义先进文化在网上的传播，发挥道德教化引导作用，用社会主义核心价值观和人类优秀文明成果滋养人心、滋养社会，做到正能量充沛、主旋律高昂，为广大网民特别是青少年营造一个风清气正的网络空间。

敢于向各种错误言论思潮亮剑。现在网上舆论有三个地带：红色地带、黑色地带、灰色地带。对红色地带，要巩固和拓展，不断扩大其社会影响。对黑色地带，要勇于介入，逐步推动其改变颜色。对灰色地带，要大力开展工作，加快使其转化为红色地带，防止其向黑色地带蜕变。要理直气壮开展网络舆论斗争，对大是大非问题、政治原则问题绝不能含糊其辞，更不能退避三舍，不做"骑墙派"和"看风派"。严密防范和抑制网上攻击渗透行为，分析网上斗争的特点和规律，运用正确战略战术，组织力量对错误思潮和思想观点进行批驳，澄清谬误、正本清源，使网络负面论调降下来、正面声音强起来。

走好网络群众路线。意识形态工作是做人的工作，人在哪里，意识形态工作的重点就应该在哪里。现在，互联网已经成为民众参与公共事务的重要渠道，老百姓上了网，民意也就上了网。党员干部要善于运用网络了解社情民意、开展工作，建立经常性联系渠道，加强线上互动、线下沟通。各级党政机关和领导干部要学会通过网络走群众路线，了解群众所思所愿，收集好的想法和建议，积极回应网民关切、解疑释惑。对网民要多一些包容和耐心，对建设性意见要及时吸纳，对困难要及时帮助，对不了解情况的要及时宣介，对模糊认识要及时廓清，对怨气怨言要及时化解，对错误看法要及时引导和纠正，让互联网成为党员领导干部和群众交流沟通的新平台，成为了解群众、贴近群众、为群众排忧解难的新途径，成为发扬人民民主、接受人民监督的新渠道。

三、建立健全网络综合治理体系

有效营造清朗的网络空间，要树立法治思维、战略思维、系统思维和底线思维，建立健全网络综合治理体系，走中国特色治网之道。科学认识网络传播规律，提高用网治网水平，使互联网这个最大变量变成事业发展的最大增量。

网络综合治理是一项复杂的系统工程，需要多方面协同统筹推进。全面提高网络综合治理能力，必须形成党委领导、政府管理、企业履责、社会监督、网民自律等多主体参与，经济、法律、技术等多种手段相结合的综合治网格局，压实互联网企业主体责任，强化管理部门监管责任，分清责任边界，确保责任落地，坚持走一条齐抓共管、良性互动的新路。

依法依规加强网络空间治理，构建良好网络秩序。加强互联网管理，正能量是总要求，管得住是硬道理。互联网不是法外之地，中国的治网之道最根本的就是坚持依法治网。要增强互联网治理的法治思维，加强互联网领域立法，完善网络信息服务、网络安全保护、网络社会管理等方面的法律法规，推动依法管网、依法办网、依法上网，确保互联网在法治轨道上健康运行。整合相关机构职能，健全基础管理、内容管理、行业管理以及网络违法犯罪防范和打击等工作联动机制。健全网络突发事件处置机制，形成正面引导和依法管理相结合的网络治理强大合力。持续深入开展"净网"等专项行动，清理违法和不良信息，依法惩治网络违法犯罪行为，营造安全文明的网络环境。对于利用网络鼓吹推翻国家政权，煽动宗教极端主义，宣扬民族分裂思想，教唆暴力恐怖活动等，必须坚决制止和打击，决不能放任自流。

第五节　落实意识形态工作责任制

坚持和加强党对意识形态全面领导的重要制度安排，就是意识形态工作责任制。要强化责任担当，落实主体责任，增强阵地意识，做到守土有责、守土负责、守土尽责，把意识形态工作领导权牢牢抓在手里。

一、强化责任担当

强化责任担当，是应对意识形态工作新形势的客观需要。意识形态领域作为政治安全的前沿阵地，斗争依然复杂尖锐。国内外各种敌对势力，总是企图让我们党改旗易帜、改名换姓，其要害就是企图让干部群众丢掉对马克思主义的信仰，丢掉对社会主义、共产主义的信念。在这样的情况下，加强党对意识形态工作的全面领导，强化意识形态工作的责任担当，才能更好巩固和发展主流意识形态，坚定干部群众的道路自信、理论自信、制度自信、文化自信。

强化责任担当，就是要解决问题、补足短板。在实际工作中，有的领域马克思主义被边缘化、空泛化、标签化，在一些学科中"失语"、教材中"失踪"、论坛上"失声"。一些领导干部对意识形态工作的极端重要性认识不足，不想抓、不会抓、不敢抓。一些地方和部门把意识形态工作当成软任务、软指标，甚至当成宣传部门一家之事。要坚持全党动手，自觉把意识形态工作摆在更加突出的位置，不断提高领导意识形态工作能力和水平，形成各条战线各个部门齐抓共管的生动格局。

强化责任担当，最根本的是牢牢把握正确的政治方向。意识形态工作本质上是政治工作，要始终绷紧政治这根弦，牢固树立政治意识、大局意识、核心意识、看齐意识，在政治立场、政治方向、政治原则、政治道路上同以习近平同志为核心的党中央保持高度一致，以实际行动坚决维护习近平总书记党中央的核心、全党的核心地位，坚决维护党中央权威和集中统一领导。要坚持党性原则，坚定宣传党的理论和路线方针政策，坚定宣传中央重大工作部署，坚定宣传中央关于形势的重大分析判断。所有宣传思想部门和单位都要加强政治建设，所有党员干部都要旗帜鲜明讲政治，确保意识形态工作的领导权掌握在忠于党、忠于人民、忠于马克思主义的人手里。

二、落实主体责任

各级党委（党组）领导班子对本地区本部门本单位意识形态工

作负有主体责任。要压紧压实各级党委（党组）责任，做到任务落实不马虎、阵地管理不懈怠、责任追究不含糊。各级党委（党组）要把意识形态工作放在更高的位置，牢牢掌握意识形态工作的领导权、主动权、管理权和话语权，切实把意识形态工作摆上重要议事日程；要加强组织领导和统筹协调，把意识形态工作作为党委（党组）全会、领导班子民主生活会、述职报告、履行党建责任制的重要内容，纳入干部考察考核、执行党的纪律监督检查范围，建立意识形态工作责任制的检查考核制度，建立健全考核机制，明确检查考核的内容、方法、程序，推动考核工作规范化、常态化。各级党委（党组）要定期听取意识形态工作汇报，定期分析研判意识形态领域形势，定期通报意识形态领域新情况，全面负起领导责任，切实当好意识形态工作的领导者、推动者、执行者，真正把意识形态工作抓紧抓实。

各级领导干部特别是主要负责人要有担当精神，旗帜鲜明地站在意识形态工作第一线，扶正祛邪、激浊扬清，带头部署策划意识形态工作，带头管阵地把导向强队伍，带头批评错误观点和错误倾向，敢于站在风口浪尖，经常分析意识形态领域的动态动向，正确判断意识形态领域形势，不断研究新情况、解决新问题，有理有利有节地开展思想舆论斗争，始终做到敢于担当、履职尽职。各级领导干部要按照"一岗双责"要求，抓好分管部门、单位的意识形态工作，指导和推动本部门本单位把意识形态工作要求融入各项工作，对职能范围内的意识形态工作肩负主体责任，切实把意识形态工作的主体责任融入各项工作，落细落实、落地生根，形成常态长效机制。

党员干部要增强党员意识，牢记在党言党、在党忧党、在党为党、在党护党。各级党员干部要严守政治纪律和政治规矩，决不允许公开发表违背中央精神的言论，决不允许参与各种非法组织和非法活动，把党的纪律和规矩牢牢地立起来、严起来。要发扬斗争精神，敢抓敢管，敢于亮剑，坚决与否定党的领导、否定中国特色社会主义制度的错误言行作斗争，旗帜鲜明支持正确思想言论，旗帜鲜明抵制错误思潮。

三、加强阵地管理

阵地是意识形态工作的基本依托，守住守好阵地是牢牢掌握意识形态工作领导权和话语权的必然要求。意识形态阵地我们不去占领，各种错误思想就会占领。要切实加强意识形态阵地建设和管理，决不给错误思想提供传播渠道。

加强阵地建设和管理，要认真落实主管主办和属地管理原则。要加强各类意识形态阵地建设和监管，完善机制、严格制度，加强日常监管，看好自己的门，管好自己的人。加强对重点部位、薄弱环节的管理，管好新闻出版、广播影视、文化市场，管好小报小刊、讲座论坛、报告会研讨会等，重点加强网络信息管控，监管好具有新闻舆论和社会动员功能的新媒体，规范网上信息传播秩序，做到阵地管理不留"盲区"、不挂"空挡"，确保阵地有人管、责任有人负、工作有人抓。

加强阵地建设和管理，要区分好政治原则问题、思想认识问题、学术观点问题。是什么问题就解决什么问题，既不能随意上纲上线、把一般问题政治化，也不能丧失政治敏感性、把政治原则问题当作一般学术和思想问题对待。对那些挑战我们政治原则、政治底线的错误思想观点，必须动真格、零容忍，立场坚定、态度鲜明地开展斗争，划清是非界限、澄清模糊认识。无论处理什么性质的问题，都要有利于坚持和加强党的领导，有利于凝聚党心民心，有利于促进改革发展稳定。

◈ 本章小结 ◈

建设具有强大凝聚力和引领力的社会主义意识形态，关系到社会主义文化前进的方向和发展道路，是我们党在新时代的一项战略任务。要从维护党和国家长治久安、推动社会主义文化繁荣兴盛的高度，坚持和加强党对意识形态工作的全面领导，提高政治站位，强化党性原则，坚持以立为本、立破并举，敢于斗争、善于斗争，不断巩固马克思主义在意识形态领域的指导地位，巩固全党全国人民团结奋斗的共同思想基础，为决胜全面建成小康社会、夺取新时代中国特色社会主义伟大胜利提供强大思想保证和精神力量。

【思考题】

1. 如何认识意识形态工作的极端重要性？

2. 如何牢牢掌握意识形态工作领导权？

3. 结合实际工作，谈谈如何打通贯彻落实意识形态工作责任制的"最后一公里"。

第三章
培育和践行社会主义核心价值观

社会主义核心价值观是当代中国精神的集中体现，凝结着全体人民共同的价值追求。推动社会主义文化繁荣兴盛，建设社会主义文化强国，培育和践行社会主义核心价值观是铸魂工程。党的十九大提出，要以培养担当民族复兴大任的时代新人为着眼点，强化教育引导、实践养成、制度保障，发挥社会主义核心价值观对国民教育、精神文明创建、精神文化产品创作生产传播的引领作用，把社会主义核心价值观融入社会发展各方面，转化为人们的情感认同和行为习惯。

第一节　深刻认识培育和践行社会主义核心
价值观的重大意义

一个社会常常存在多种多样的价值观念和价值取向，要把全社会意志和力量凝聚起来，必须有一套与经济基础、政治制度相适应并能形成广泛社会共识的核心价值观。否则，一个民族就没有赖以维系的精神纽带，一个国家就没有共同的思想道德基础。社会主义核心价值观深入回答了我们要建设什么样的国家、建设什么样的社会、培育什么样的公民等重大问题，对于巩固全党全国人民团结奋斗的共同思想基础，对于凝聚实现中华民族伟大复兴强大正能量，具有重要现实意义和深远历史意义。

一、凝魂聚气、强基固本的基础工程

核心价值观是一个民族赖以维系的精神纽带，是推动一个民族、一个国家发展进步的最深沉的力量。每个时代都有每个时代的精神，每个时代都有每个时代的价值观念。古人讲，礼义廉耻，国之四维，"四维不张，国乃灭亡"。核心价值观就是一个国家的"维"、"纲"，是一个国家、民族的发展方向和精神旗帜。没有了核心价值观，一个国家、民族就没有凝聚力、向心力和发展动力，就会成为一盘散沙和空中楼阁。习近平总书记指出："如果一个民族、一个国家没有共同的核心价值观，莫衷一是，行无依归，那这个民族、这个国家就无法前进。"在新的历史条件下，使全

《青年要自觉践行社会主义核心价值观——在北京大学师生座谈会上的讲话》

体人民同心同德、团结奋进，就必须确立反映全国各族人民共同认同的价值观最大公约数，建设和坚守我们的核心价值观。

培育和弘扬社会主义核心价值观，是推进国家治理体系和治理能力现代化的重要方面。"法者，治之端也。"治理一个国家、一个社会，关键是要立规矩、讲规矩、守规矩。法律是一个国家的规

矩，而核心价值观也是一个国家的"规矩"。核心价值观，承载着一个民族、一个国家的精神追求，体现着一个社会评判是非曲直的价值标准。有了这个标准，人们就知道应该追求什么、舍弃什么，遵循什么、反对什么；就分得清美丑、善恶、好坏。正如习近平总书记指出的："培育和弘扬核心价值观，有效整合社会意识，是社会系统得以正常运转、社会秩序得以有效维护的重要途径，也是国家治理体系和治理能力的重要方面。"

核心价值观是一个国家的重要稳定器。培育和弘扬核心价值观，关系社会和谐稳定，关系国家长治久安。我们的先人提出的以"仁义礼智信"为主要内容的价值观，在巩固我国封建制度、维系封建社会 2000 多年统治秩序和社会秩序中，起到了精神支撑作用。中华民族能够在几千年的历史长河中经历无数的曲折、磨难，没有被打散、打垮而顽强生存和不断发展，其中一个很重要的原因，就是我们民族有一脉相承的精神追求、有着牢固的核心价值观。在西方，资产阶级在反对封建统治的斗争中，提出自由、平等、博爱等价值观念，形成了一套以个人主义为基础的价值体系，对建立和巩固资本主义制度发挥了重要作用。这些都值得我们研究。核心价值观坚持得好能起到凝心聚力的作用。反之，核心价值观被搞乱带来的教训也十分深刻。近年来一些国家发生社会动荡、政权更迭，很重要的一个原因就是其核心价值体系混乱了，核心价值观受到了怀疑和否定。当今世界正在经历新一轮大发展大变革大调整，国际国内形势的深刻变化使我国意识形态领域面临着依然错综复杂的情况。面对多元思想文化交流交融交锋的情况，我们必须把培育和弘扬社会主义核心价值观作为凝魂聚气、强基固本的基础工程，作为一项根本任务，切实抓紧抓好。

二、新时代坚持和发展中国特色社会主义的重大任务

一个民族、一个国家的核心价值观必须同自身的历史文化相契合，同自身正在进行的奋斗相结合，同自身需要解决的时代问题相适应。从一个国家的道路选择和现代化建设进程来看，发展道路、制度模式和理论体系的内核是价值观念，坚守什么样的价值追求就决定了走什么样的发展道路，选择什么样的发展模式，建设什么样的社会制度。

中国特色社会主义是改革开放以来党的全部理论和实践的主题。经过 40 年的探索实践，中国特色社会主义的外延不断拓展，布局日益完善，内涵更加丰富。社会主义核心价值观的鲜明提出和广泛实践，使我们对中国特色社会主义的认识，从思想理论、实践运动、社会制度层面，进一步发展到价值理念层面。培育和弘扬核心价值观，有效整合社会意识，是社会系统得以正常运转、社会秩序得以有效维护的重要途径，也是国家治理体系和治理能力的重要方面。历史和现实都表明，构建具有强大感召力的社会主义核心价值观，关系社会和谐稳定，关系国家长治久安，是坚持和发展中国特色社会主义最为坚实和深厚的价值理念支撑，必须加强培育和践行。

中国特色社会主义进入了新时代，我国发展处于新的历史方位，只有把培育和践行社会主义核心价值观作为一项既具基础性内在性又具目标性规定性的重大任务来认识、来落实，才能增强人们的道路自信、理论自信、制度自信、文化自信，确保中国特色社会主义始终沿着正确方向胜利前进，不断展现出更加强大的生命力。

三、屹立于世界民族之林的精神支撑

当今世界正处于大发展大变革大调整时期，各种思想文化交流交融交锋日益频繁，各种社会思潮碰撞激荡不断加剧，各种价值观念之间的竞争依然激烈。特别是一些西方国家利用长期积累的经济科技优势和话语强势，对外推销以所谓"普世价值"为内核的思想文化，企图诱导人们"以西为美""唯西是从"，淡化乃至放弃对本民族精神文化的认同。西方一些势力仍抱着意识形态偏见和冷战思维不放，把中国的发展壮大视为对西方制度模式和价值观的威胁。我国将长期面对西方遏制、促变的压力，而意识形态渗透、价值观颠覆是西方敌对势力对我国推行西化、分化战略的主要手段。这种情况下，如果没有自己的价值观，或者自己的价值观不鲜明，对自己的价值观不自信，在这场价值观的对抗中就会败下阵来，就会不打自垮，成为别人价值观的附庸。

在这种错综复杂的环境中，必须要有价值追求上的"定海神针"。核心价值观承载着一个民族、一个国家的精神追求，体现着一个社会评判是非曲直的价值标准，是最持久、最深层的文化力量。坚守以这种价值观为核心的优秀传统文化，才能保持民族精神独立。中华民族能够在五千年的历史长河中生生不息、薪火相传、顽强发展，很重要的一个原因就是中华民族有一脉相承的精神追求、精神特质、精神脉络。培育和践行社会主义核心价值观，大力传承和延续中华民族思想精髓、精神基因、文化血脉，才能更好构筑中国精神、中国价值、中国力量，使中华民族以更加昂扬的姿态屹立于世界民族之林。

第二节 当代中国精神的集中体现

社会主义核心价值观，集中体现了以爱国主义为核心的民族精神和以改革创新为核心的时代精神。它根植于中国特色社会主义伟大实践，体现了社会主义的本质要求，继承了中华民族优秀文化基因，凝结着全国各族人民共同的价值追求。

一、体现社会主义的本质要求

党的十六届六中全会明确提出了构建社会主义核心价值体系这一重大课题，党的十七届六中全会进一步提出社会主义核心价值体系是兴国之魂。党的十八大提出"三个倡导"，即倡导富强、民主、文明、和谐，倡导自由、平等、公正、法治，倡导爱国、敬业、诚信、友善。这是我们党对社会主义核心价值观的明确表述，回答了我们要建设什么样的国家、建设什么样的社会、培育什么样的公民的重大问题，是中国特色社会主义实践探索的精神升华，体现了社会主义的本质要求。

社会主义核心价值观体现了社会主义意识形态的本质要求，展示了社会主义制度在思想和精神层面质的规定性，凝结着社会主义先进文化的精髓，是中国特色社会主义道路、理论、制度、文化的价值表达。社会主义核心价值观在社会主义核心价值体系的基础上，更加突出核心要素、更加注重凝练表达、更加强化实践导向。它所强调的"三个倡导"二十四个字，是社会主义核心价值体系的内核，是对社会主义核心价值体系的高度凝练和集中概括。

它坚持党的领导，坚持马克思主义的指导地位；它坚持以人民为中心的立场，一切为了人民，一切依靠人民；它坚持社会主义方向，最终目标是实现共产主义、实现人的自由全面发展；它不仅与中华优秀传统文化相承接，而且积极吸收世界文明有益成果，不仅具有民族性，而且具有时代性；它坚持走中国特色社会主义道路，为的是实现中华民族伟大复兴，续写好中国特色社会主义这篇大文章。

二、继承中华民族优秀文化基因

牢固的核心价值观，都有其固有的根本。抛弃传统、丢掉根本，就等于割断了自己的精神命脉。中华文明绵延数千年，有其独特的价值体系。中华优秀传统文化已经成为中华民族的基因，植根在中国人内心，潜移默化影响着中国人的思维方式和行为方式。提倡和弘扬社会主义核心价值观，必须从中汲取丰富营养，使其成为涵养社会主义核心价值观的重要源泉。

我们生而为中国人，最根本的是有自己独特的精神世界，有百姓日用而不觉的价值观。中国古代历来讲格物致知、诚意正心、修身齐家、治国平天下。从某种角度看，格物致知、诚意正心、修身是个人层面的要求，齐家是社会层面的要求，治国平天下是国家层面的要求。中华文化强调"民惟邦本"、"天人合一"、"和而不同"；强调"天行健，君子以自强不息"、"大道之行也，天下为公"；强调"天下兴亡，匹夫有责"，主张以德治国、以文化人；强调"君子喻于义"、"君子坦荡荡"、"君子义以为质"；强调"言必信、行必果"、"人而无信，不知其可也"；强调"德不孤，必有邻"、"仁者爱人"、"与人为善"、"己所不欲、勿施于人"、"出入相友、守望相助"、"老吾老以及人之老,幼吾幼以及人之幼"、"扶贫济困"、"不患寡而患不均";等等。

古人所说的"先天下之忧而忧,后天下之乐而乐"的政治抱负,"位卑未敢忘忧国"、"苟利国家生死以,岂因祸福避趋之"的报国情怀,"富贵不能淫,贫贱不能移,威武不能屈"的浩然正气,"人生自古谁无死,留取丹心照汗青"、"鞠躬尽瘁,死而后已"的献身精神等,都体现了中华民族的优秀传统文化和民族精神。像这样的思想和理念,既随着时间推移和时代变迁而不断与时俱进,又有其自身的连续性和稳定性。我们提倡的社会主义核心价值观,就充分体现了中华优秀传统文化的传承和升华。

社会主义核心价值观传承中华优秀文化传统,并不是要走封闭僵化的老路,而是要在继承传统的基础上,以积极开放的姿态汲取和借鉴人类一切优秀文化成果。我们不能数典忘祖、照抄照搬,而是要坚持马克思主义的科学指导,坚持社会主义的本质属性,坚守中华民族优秀文化传统,培育和践行社会主义核心价值观。

三、全国各族人民价值观的最大公约数

我国是一个有着 13 亿多人口、56 个民族的大国,确立反映全国各族人民共同认同的价值观最大公约数,使全体人民同心同德、团结奋进,关乎国家前途命运,关乎人民幸福安康。

中国梦是国家情怀、民族情怀、人民情怀相统一的梦。家是最小国,国是千万家。国泰而民安,民富而国强。中国梦的最大特点,就是把国家利益、民族利益和每个人的具体利益紧紧联系在一

起，体现了中华民族的"家国天下"情怀。国家梦、民族梦的实现过程，为每个人梦想的实现提供了广阔空间。社会主义核心价值观体现了古圣先贤的思想，体现了仁人志士的夙愿，体现了革命先烈的理想，也寄托着各族人民对美好生活的向往。只要是中国人，就应该自觉培育和践行社会主义核心价值观，自觉为实现中华民族伟大复兴的中国梦不懈奋斗。只要每个人都把人生理想和价值追求融入国家和民族的伟大梦想之中，把社会主义核心价值观的国家层面要求、社会层面要求和公民层面要求紧密结合起来，敢于有梦、勇于追梦、勤于圆梦，就会构筑起理想和价值追求的同心圆，汇聚起实现中国梦的强大力量。

第三节　培养担当民族复兴大任的时代新人

"培养什么样的人"是社会主义核心价值观建设的根本问题。党的十九大报告指出，培育和践行社会主义核心价值观，要以培养担当民族复兴大任的时代新人为着眼点。这一重要思想观点，聚焦实现中华民族伟大复兴的历史使命，进一步明确了社会主义核心价值观建设的出发点和落脚点。

一、我们党历来重视"培养什么样的人"的问题

马克思主义认为，社会全面进步是与人的全面发展相统一的过程。列宁强调，无产阶级在取得政权以后，必须对人民群众特别是对青年进行社会主义的文化和政治教育，劳动人民不但要识字，还

要有文化，有觉悟，有学识。共产党应当作为最积极最主要的力量参与整个国民教育事业。

中国共产党在改造旧社会、建设新社会的历史进程中，始终把培养一代新人作为重要任务，使群众认识自己的利益，并且团结起来为自己的利益而奋斗。20 世纪 60 年代初，毛泽东同志曾告诫全党，为了保证我们的党和国家不改变颜色，我们不仅需要正确的路线和政策，而且需要培养和造就千百万无产阶级革命事业的接班人，这是关系我们党和国家生死存亡的极其重大的问题，我们一定要从上到下地、普遍地、经常不断地注意培养和造就革命事业的接班人。改革开放后，邓小平同志把新时期社会主义事业接班人的基本要求概括为"四有"，即有理想、有道德、有文化、有纪律。

"人事有代谢，往来成古今。"现在，改革开放初期走上工作岗位的同志逐渐离开工作岗位，60 后、70 后已经成为党和国家事业的中坚力量，80 后、90 后陆续挑大梁了。这些人的信仰信念、群众感情、本领担当，在很大程度上决定了中国特色社会主义事业的未来走向。中国特色社会主义事业是千秋基业，要做到红色江山永不变色、代代相传，必须培养造就一代又一代社会主义事业的忠实可靠的接班人。中国特色社会主义进入新时代，我们党提出培养担当民族复兴大任的时代新人，这对于引领广大人民群众坚定信心、强化自觉、提升素质，投身民族复兴伟业具有重要而深远的意义。

二、培育和践行核心价值观的着眼点是"培养什么样的人"

核心价值观建设，说到底是人的思想建设、灵魂塑造，聚焦的是造就具有正确世界观人生观价值观的社会主义建设者和接班人。社会是由人组成的共同体。无论是社会关系还是社会活动，其主体都只能是人。没有了人，社会关系、社会活动就失去了实际意义；同时，人从来就是社会动物，无论个人还是群体，都只能在社会关系中存在，在社会活动中发展。简言之，人是社会的人，社会是人的社会。建设什么样的国家和社会、实现什么样的发展目标，人是决定性因素。党的十九大提出"培养担当民族复兴大任的时代新人"这一重大命题，把"培育什么样的价值观"同"培养什么样的人"更加紧密地结合起来，抓住了价值观建设的根本，体现了我们党对社会主义核心价值观建设认识的深化和拓展。

人类的历史发展表明，如果一个民族、一个国家没有共同的核心价值观，莫衷一是，行无依归，那么这个民族、这个国家就无法前进。这样的情形，在我国历史上，在当今世界上，都屡见不鲜。推进中国特色社会主义建设事业，也不例外。有了这样共同的核心价值观，社会各界和各族人民才可能在一个共同的奋斗目标下紧密团结起来，才可能激发人民群众为共同价值追求而奋斗的强大精神力量，才可能培养和造就担当民族复兴大任的时代新人。通过教育和培养，使广大人民群众成为社会主义核心价值观的坚定信仰者、积极传播者、模范践行者，激发出推进中国特色社会主义建设事业的无穷力量。也正是从这个意义上说，"培养什么样的人"是培育和践行社会主义核心价值观的着眼点。

三、培养有理想、有本领、有担当的时代新人

当前我们面临的新时代，既是中华民族发展的最好时代，也

是实现近代以来中华民族伟大复兴的最关键时代。解决好"培养什么样的人"这个根本问题，要明确"培养担当民族复兴大任的时代新人"的基本要求。党的十九大报告指出："青年一代有理想、有本领、有担当，国家就有前途，民族就有希望。"习近平总书记指出，当代青年是同新时代共同前进的一代。广大青年既拥有广阔发展空间，也承载着伟大时代使命，广大青年要爱国，忠于祖国，忠于人民；要励志，立鸿鹄志，做奋斗者；要求真，求真学问，练真本领；要力行，知行合一，做实干家。这既是对广大青年的总要求，也是对时代新人的总要求。

《在北京大学师生座谈会上的讲话》

时代新人要有坚定的理想信念。理想因其远大而为理想，信念因其执着而为信念。习近平总书记指出，没有理想信念，理想信念不坚定，精神上就会"缺钙"，就会得"软骨病"。树立坚定的理想信念，才能确立正确的人生奋斗方向。这种理想，应该是将自己的人生理想与国家的前途命运紧紧联系起来的理想，是与民族的兴衰荣辱牢牢结合起来的理想。对共产党员来讲，就是要牢固树立共产主义远大理想、马克思主义信仰和中国特色社会主义共同信念；对普通群众来说，就是要有正确的世界观人生观价值观，有着对美好生活的向往和追求，相信未来会更好、祖国会更好。要全面掌握辩证唯物主义和历史唯物主义的世界观和方法论，坚定理想信念，在历史的发展纵轴中找准定位，明确自身承担的时代责任和历史使命，将个人理想和国家富强、世界发展融为一体，肩负起实现中华民族伟大复兴的时代重任。

时代新人要有真本领。早在延安时期，毛泽东同志就指出，

"我们队伍里边有一种恐慌，不是经济恐慌，也不是政治恐慌，而是本领恐慌"。面对各种风险和挑战，面对各种新情况新问题，老中青三代都有不适应的一面，都存在着"本领恐慌"现象。习近平总书记曾经将领导干部的本领恐慌概括为：新办法不会用，老办法不管用，硬办法不敢用，软办法不顶用。党的十九大提出，要着力增强学习本领、政治领导本领、改革创新本领、科学发展本领、依法执政本领、群众工作本领、狠抓落实本领、驾驭风险本领，勇于战胜前进道路上的各种艰难险阻，牢牢把握工作主动权。

时代新人要有担当精神。古人云，"大事难事看担当，逆境顺境看襟度"。有多大担当才能干多大事业，尽多大责任才会有多大成就。正如习近平总书记所讲的，改革推进到今天，比认识更重要的是决心，比方法更关键的是担当。这种担当是一种现实的担当，扛起一代人应当扛起的责任，不能当过客、当看客，遇着问题绕着走；这种担当是一种无私的担当，不能做"精致的利己主义者"、"洪水滔天、与我无关"，不能只管好自己的一亩三分地就行了；这种担当是无畏的担当，是为了党和人民利益，把个人名利置之度外，正如林则徐讲的"苟利国家生死以，岂因祸福避趋之"；这种担当不是靠豪言壮语、牛气冲天，而是要做到平时兢兢业业，在关键时刻能够挺身而出。

第四节 在全社会大力培育和践行社会主义核心价值观

社会主义核心价值观需要大力倡导，更需要努力践行。培育和践行社会主义核心价值观，要与人们日常生活紧密联系起来，使人们在实践中感知它、领悟它，达到百姓日用而不觉的程度，使之成为人们日常生活的根本遵循。要把社会主义核心价值观的要求融入各种精神文明创建活动之中，融入法治建设之中，利用各种时机和场合，运用各种规范和手段，形成有利于培育和弘扬社会主义核心价值观的生活情景、社会氛围和法治规范。在实际工作中，我们要把习近平新时代中国特色社会主义思想作为主心骨、定盘星、度量衡，贯彻到培育和践行社会主义核心价值观全过程、各方面，切实增强干部群众的政治认同、思想认同、情感认同。

一、凝聚社会共识

用社会主义核心价值观引领社会思潮、凝聚社会共识。深入开展中国特色社会主义和中国梦宣传教育，不断增强人们的道路自信、理论自信、制度自信、文化自信。深入研究社会主义核心价值观的理论和实际问题，深刻解读社会主义核心价值观的丰富内涵和实践要求，为实践发展提供学理支撑。加强社会思潮动态分析，强化社会热点难点问题的正面引导，在尊重差异中扩大社会认同，在包容多样中形成思想共识。

要在培育和践行社会主义核心价值观的过程中，遵循以下原则：坚持以人为本，尊重群众主体地位，关注人们利益诉求和价值愿望，促进人的全面发展；坚持以理想信念为核心，抓住世界观、人生观、价值观这个"总开关"，在全社会牢固树立中国特色社会主义共同理想，着力筑牢人们的精神支柱；坚持联系实际，区分层次和对象，加强分类指导，找准与人们思想的共鸣点、与群众利益的交汇点，做到贴近性、对象化、接地气；坚持改进创新，善于运用群众喜闻乐见的方式，搭建群众便于参与的平台，开辟群众乐于参与的渠道，积极推进理念创新、手段创新和基层工作创新，增强工作的吸引力感染力。

新闻媒体应该发挥传播社会主流价值的主渠道作用。坚持团结稳定鼓劲、以正面宣传为主，牢牢把握正确舆论导向，把社会主义核心价值观贯穿到日常形势宣传、成就宣传、主题宣传、典型宣传、热点引导和舆论监督中，弘扬主旋律，传播正能量，不断巩固壮大积极健康向上的主流思想舆论。适应互联网快速发展形势，善于运用网络传播规律，把社会主义核心价值观体现到网络宣传、网络文化、网络服务中，用正面声音和先进文化占领网络阵地。要强化教育引导、实践养成、制度保障，把社会主义核心价值观融入社会发展各方面，引导全体人民自觉践行。

二、加强制度保障

培育核心价值观离不开稳定的制度保障。这是因为积极健康向上的思想和精神只有通过贯彻落实到经济社会的各种制度建设之中，才能在实际工作中扎下深根、开花结果，转化为奋发向上和崇德向善的力量。要加强制度保障，把社会主义核心价值观落实到经济发展实践和社会治理中。

实现经济社会发展与弘扬社会主义核心价值观良性互动。确立经济发展目标和发展规划，出台经济社会政策和重大改革措施，开展各项生产经营活动，都应该遵循社会主义核心价值观要求，做到讲社会责任、讲社会效益，讲守法经营、讲公平竞争、讲诚信守约，形成有利于弘扬社会主义核心价值观的良好政策导向、利益机制和社会环境。与人们生产生活和现实利益密切相关的具体政策措施，要注重经济行为和价值导向有机统一，经济效益和社会效益有机统一，实现市场经济和道德建设良性互动。建立完善相应的政策评估和纠偏机制，防止出现具体政策措施与社会主义核心价值观相背离的现象。

推动社会治理与弘扬社会主义核心价值观紧密结合。把社会主义核心价值观融入制度建设和治理工作中，形成科学有效的诉求表达机制、利益协调机制、矛盾调处机制、权益保障机制，最大限度增进社会和谐。创新社会治理，完善激励机制，褒奖善行义举，实现治理效能与道德提升相互促进，形成好人好报、知恩图报的正向效应。在日常治理中鲜明彰显社会主流价值，使符合核心价值观的行为得到鼓励、违背核心价值观的行为受到制约。

三、推动社会主义核心价值观入法入规

法律法规是培育和践行社会主义核心价值观的重要保证。要坚持依法治国与以德治国相结合，把社会主义核心价值观融入法治国家、法治政府、法治社会建设全过程，贯穿立法、执法、司法、守法各方面，用法律的权威来增强人们培育和践行社会主义核心价值观的自觉性，形成有利于培育和践行社会主义核心价值观的良好法治环境。

[案 例]

制定实施《中华人民共和国英雄烈士保护法》

近年来，一些人以"学术自由""还原历史""探究细节"等为名，通过网络、书刊等歪曲历史特别是党史、国史和军史，丑化、诋毁、贬损、质疑英雄烈士，造成恶劣社会影响，引起社会各界愤慨谴责。在2017年全国"两会"上，有251人次全国人大代表、全国政协委员和一些群众来信提出，建议通过立法加强英雄烈士保护。制定英雄烈士保护法成为巩固中国共产党执政地位和中国特色社会主义制度的内在要求，是弘扬社会主义核心价值观和爱国主义精神、崇尚捍卫英

漫画：不容亵渎 　　　　　　　　（新华社发　徐骏／作）

雄烈士、维护社会公共利益的必要措施。2018 年 4 月 27 日，十三届全国人大常委会第二次会议全票表决通过了英雄烈士保护法，英雄烈士的姓名、肖像、名誉、荣誉受法律保护，禁止歪曲、丑化、亵渎、否定英雄烈士的事迹和精神，宣扬、美化侵略战争和侵略行为，将依法惩处直至追究刑责。2018 年 5 月 1 日，《中华人民共和国英雄烈士保护法》开始正式施行。

2018 年 5 月，中共中央印发了《社会主义核心价值观融入法治建设立法修法规划》，对把社会主义核心价值观融入全面依法治国战略部署进行了总体规划，即着力把社会主义核心价值观融入法律法规的立改废释全过程，确保各项立法导向更加鲜明、要求更加明确、措施更加有力，力争经过 5 年到 10 年时间，推动社会主义核心价值观全面融入中国特色社会主义法律体系，筑牢全国各族人民团结奋斗的共同思想道德基础。

四、把社会主义核心价值观融入国民教育全过程

培育和践行社会主义核心价值观应该从小抓起、从学校抓起。坚持育人为本、德育为先，围绕落实立德树人根本任务，把社会主义核心价值观纳入国民教育总体规划，贯穿于学前教育、基础教育、高等教育、职业教育、继续教育各领域，培育一代又一代拥护中国共产党领导和我国社会主义制度、立志为中国特色社会主义奋斗终身的有用之才。

把社会主义核心价值观融入国民教育全过程，要多点发力、点面结合。要适应青少年身心特点和成长规律，深化未成年人思想道德建设和大学生思想政治教育，充分发挥课堂教学主渠道作用，推动社会主义核心价值观进教材、进课堂、进学生头脑。要充分发挥社会实践对培育和践行社会主义核心价值观的养成作用。围绕社会主义核心价值观，完善实践教育教学体系，开发实践课程和活动课程，加强实践育人基地建设，打造大学生校外实践教育基地、高职实训基地、青少年社会实践活动基地。以社会主义核心价值观为引领，建设体现社会主义特点、时代特征和学校特色的校园文化，深入开展各种行之有效的主题教育和专题教育活动，深化和拓展社会主义核心价值观宣传教育的基本内容、活动载体。

五、培育和践行社会主义核心价值观是全社会的共同责任

任何一种价值观在全社会的确立，都是一个思想教育与社会孕育相互促进的过程，都是一个内化与外化相辅相成的过程。培育和践行社会主义核心价值观，要注重全方位贯穿、深层次融入，形成全社会共同推进核心价值观培育和践行的良好局面。

各级党委和政府要充分认识培育和践行社会主义核心价值观的重要性，把握方向，制定政策，营造环境，切实负起政治责任和领导责任。把社会主义核心价值观要求体现到经济建设、政治建设、文化建设、社会建设、生态文明建设和党的建设各领域，推动培育和践行社会主义核心价值观同实际工作融为一体、相互促进。建立健全培育和践行社会主义核心价值观的领导体制和工作体制，提高

工作科学化水平，发挥党的基层组织的政治核心作用和战斗堡垒作用，筑牢社会和谐的精神纽带，打牢党执政的思想基础。

把培育和践行社会主义核心价值观作为精神文明创建的根本任务。文明城市、文明村镇、文明单位、文明家庭等精神文明创建活动，应该在突出社会主义核心价值观的价值导向上下功夫，在突出社会主义核心价值观的思想内涵上求实效。培育和践行社会主义核心价值观要从家庭做起，大力加强家庭文明建设，深入开展文明家庭创建，发扬光大中华民族传统美德，重视做好家庭教育，传承良好家风家训，形成爱国爱家、相亲相爱、崇德向善、共建共享的社会主义家庭文明新风尚。教育引导广大青少年树立远大志向、培育美好心灵，勤学、修德、明辨、笃实，扣好人生第一粒扣子，打牢思想之基、价值观之基。

把培育和践行社会主义核心价值观的任务落实到基层。城乡基层是培育和践行社会主流价值观的重要依托，农村、企业、社区、机关等基层单位要重视社会主义核心价值观的培育和践行，使之融入基层党组织建设、基层政权建设中，融入城乡居民自治中，融入人们生产生活和工作学习中，努力实现全覆盖，推动社会主义核心价值观不断转化为社会群体意识和人们自觉行动，形成人人践行社会主义核心价值观的生动景象。

本章小结

社会主义核心价值观深刻回答了我们要建设什么样的国家、建设什么样的社会、培育什么样的公民等重大问题，指明了先进文化的前进方向。我们应该在深入把握其丰富内涵和鲜明特征的基础上，把培养担当民族复兴大任的时代新人作为工作的着眼点，在全社会大力培育和践行社会主义核心价值观，使它转化为人们的情感认同，转化为人民群众的自觉行动，转化为实现中华民族伟大复兴的强大精神动力。

【思考题】

1. 有人认为：富裕之邦，必是真理之地。您是如何认识的？

2. 请结合个人成长经历，谈谈如何培养担当民族复兴大任的时代新人。

3. 请结合自己的实际工作，探讨如何更加有效推进社会主义核心价值观内化于心、外化于行。

第四章
加强思想道德建设

习近平总书记指出，"国无德不兴，人无德不立。一个民族、一个人能不能把握自己，很大程度上取决于道德价值"。思想道德建设的对象是人，要把培养担当民族复兴大任的时代新人作为重要职责，坚持以文化人、以文育人。要以坚定的理想信念筑牢精神之基，坚定对马克思主义的信仰，对社会主义和共产主义的信念，对中国特色社会主义道路、理论、制度、文化的自信。要强化教育引导、实践养成、制度保障，把社会主义核心价值观融入社会发展各方面，引导全体人民自觉践行。

第一节　广泛开展理想信念教育

理想信念是共产党人精神上的"钙"，也是全国各族人民团结奋斗的共同思想基础。要坚持马克思主义信仰，牢固树立共产主义远大理想和中国特色社会主义共同理想，形成巩固全国各族人民在理想信念上的"最大公约数"，画好在理想信念上的"同心圆"。坚定理想信念，坚守共产党人精神追求，始终是共产党人安身立命的根本。有了坚定的理想信念，站位就高了，眼界就宽了，心胸就开阔了，就能坚持正确政治方向，在胜利和顺境时不骄傲不急躁，在困难和逆境时不消沉不动摇，经受住各种风险和困难考验，自觉抵制各种腐朽思想的侵蚀，永葆共产党人政治本色。

一、理想信念教育是全党全社会当务之急

坚定理想信念，坚守共产党人精神追求，始终是共产党人安身立命的根本。中国共产党从诞生之日起，就把马克思主义写在自己的旗帜上，把实现共产主义作为自己的最高理想。在我们党九十多年的历史中，无数共产党人不怕流血牺牲，靠的就是这种信仰，为的就是这个理想。尽管他们也知道，自己追求的理想并不会在自己手中实现，但他们坚信，一代又一代人为之持续努力，一代又一代人为此作出牺牲，崇高的理想就一定能实现。

事实一再表明，理想信念动摇是最危险的动摇，理想信念滑坡是最危险的滑坡。应该充分肯定，我们大多数干部理想信念是坚定的，政治上是可靠的。同时，在我们的干部队伍中也存在一些问题，有的对共产主义心存怀疑，认为那是虚无缥缈、难以企及的幻想；有的不信马列信鬼神，从封建迷信中寻找精神寄托，热衷于算命看相、烧香拜佛，遇事"问计于神"；有的是非观念淡薄、原则性不强、正义感退化，糊里糊涂当官，浑浑噩噩过日子；有的甚至

向往西方社会制度和价值观念，对社会主义前途命运丧失信心；有的在涉及党的领导和中国特色社会主义道路等原则性问题的政治挑衅面前态度暧昧、消极躲避、不敢亮剑，甚至故意模糊立场、耍滑头；等等。事实反复证明，有了坚定的理想信念，站位就高了，眼界就宽了，心胸就开阔了，就能坚持正确政治方向，在胜利和顺境时不骄傲不急躁，在困难和逆境时不消沉不动摇，经受住各种风险和困难考验，自觉抵制各种腐朽思想的侵蚀，永葆共产党人政治本色。

心中有信仰，脚下有力量。坚定理想信念，就要牢固树立马克思主义信仰。马克思主义始终是我们党和国家的指导思想，是我们认识世界、把握规律、追求真理、改造世界的强大思想武器。我们必须更加深刻地理解和把握马克思主义的科学要义及其精髓，深切体悟马克思主义真理的味道、信仰的感召和思想的魅力，自觉地当好马克思主义信仰的忠诚守护者、历史传承者和坚定实践者。

共产主义远大理想和中国特色社会主义共同理想是中国共产党领导全国各族人民为实现中华民族伟大复兴中国梦不懈奋斗的强大精神支柱。中国特色社会主义是实现共产主义远大理想的康庄大道，是在改革开放40年的伟大实践中走出来的，是在中华人民共和国成立70年的持续探索中走出来的，是在对近代以来170多年中华民族发展历程的深刻总结中走出来的，是在对中华民族5000多年悠久文明的传承中走出来的，也是科学社会主义理论逻辑和中国社会发展历史逻辑的辩证统一，是根植于中国大地、反映中国人民意愿、适应中国和时代发展进步要求的科学社会主义，具有深厚的历史渊源和广泛的现实基础。历史和现实充分证明，只有中国特色社会主义才能稳定中国、发展中国，这是一条通往中华民族伟大复兴的人间正道。要增强对中国特色社会主义的道路自信、理论自信、制度自信、文化自信，坚定不移沿着正确的中国道路奋勇前进。

二、坚持不懈地抓好理想信念教育

崇高信仰、坚定信念不会自发产生。要练就"金刚不坏之身"，必须用科学理论武装头脑，不断培植我们的精神家园。党的领导干部特别是高级干部，要把系统掌握马克思主义基本理论作为看家本领。把理想信念建立在对科学理论的理性认同上，建立在对历史规律的正确认识上，建立在对基本国情的准确把握上。通过坚持不懈学习，学会运用马克思主义立场观点方法观察和解决问题，不断筑牢理想信念，做到虔诚而执着、至信而深厚，让理想信念的明灯永远在心中闪亮。

坚定理想信念，必须以政治建设为统领，牢固树立"四个意识"，切实做到"两个维护"，自觉在思想上政治上行动上同以习近平同志为核心的党中央保持高度一致。压实抓政治建设的政治责任，经常与党中央对表对标，及时校准偏差，始终保持正确的政治方向。对中央重大决策部署，结合实际不折不扣地贯彻执行，对中央明令禁止和反对的事情坚决不做，始终做到政治上坚定清醒、思想上同心同向、行动上不偏不松。

坚定理想信念，必须抓好思想理论建设，真正掌握和熟练运用马克思主义世界观和方法论。当前首要政治任务是认真学习贯彻习近平新时代中国特色社会主义思想，努力学懂弄通做实，做到真学真研、真懂真信、真用真做，提高战略思维、创新思维、辩证思维和底线思维等思维能力，正确判断形势，始终保持清醒政治头脑和政治定力。

坚定理想信念，必须抓好党性教育，引导广大党员干部提高政治觉悟、强化政治担当，永葆共产党人的政治本色。加强党史教育，弘扬党的优良传统和作风，从中国革命历史中汲取精神力量。加强对革命领袖和革命先烈事迹的宣传教育，学习老一辈共产党人坚守信仰、坚定信念、献身理想的人格风范。加强新时期共产党员楷模宣传教育，激励广大党员干部始终把党和人民的事业放在心中最高位置，以无愧于时代、无愧于人民、无愧于历史的业绩，践行崇高理想信念。

坚定理想信念，必须深化中国特色社会主义和中国梦宣传教育。利用各种媒体形式的思想舆论阵地，面向社会各行各业、各群体特别是青少年，深入开展中国特色社会主义和中国梦宣传教育，在中国特色社会主义伟大旗帜下团结全国各族人民，让中国梦成为凝聚中华民族团结奋斗的"最大公约数"，成为广大青年牢固确立的人生奋斗信念，努力培养担当民族复兴大任的时代新人。

坚定理想信念，必须弘扬民族精神和时代精神，铸就中国精神。中国精神是以爱国主义为核心的民族精神、以改革创新为核心的时代精神，是凝心聚力的兴国之魂、强国之魂。爱国主义始终是把中华民族坚强团结在一起的精神纽带，改革创新始终是鞭策我们与时俱进的精神力量。只有用中国精神铸就民族之魂，才能朝气蓬勃迈向未来。

要从中华民族的历史长河中，从中国革命、建设、改革和中国共产党的艰辛历程中，汲取精神力量和文化精华，结合新时代的火热实践，努力实现创造性转化、创新性发展，引导全国人民树立和坚持正确的历史观、民族观、国家观、文化观，增强做中国人的骨气和底气。

第二节 深入实施公民道德建设工程

加强思想道德建设，是发展社会主义先进文化的重要内容和中心环节。党的十九大报告提出，要"深入实施公民道德建设工程，推进社会公德、职业道德、家庭美德、个人品德建设，激励人们向上向善、孝老爱亲，忠于祖国、忠于人民"。

一、推进社会公德、职业道德、家庭美德、个人品德建设

公共生活需要道德规范来约束和协调。社会公德作为社会公共生活中应该遵守的行为准则，涵盖了人与人、人与社会、人与自然之间的关系，在维护公共秩序方面具有重要作用。伴随着公共生活领域的不断扩大，人们相互交往日益频繁，公共道德在维护公众利益、公共秩序和保持社会稳定方面的作用更加突出。每一个社会成员，都应自觉培养公德意识，养成遵守社会公德的良好行为习惯，遵守以文明礼貌、助人为乐、爱护公物、保护环境、遵纪守法为主要内容的社会公德。在互联网时代，人们同样需要遵守网络生活中的道德要求和道德准则，这是社会公德在网络空间的运用和拓展。

《在庆祝"五一"国际劳动节暨表彰全国劳动模范和先进工作者大会上的讲话》

职业道德是现代社会分工发展和专业化程度提高的必然要求。一定程度上说,人们在职业活动中的道德状况如何,直接关系着各行各业乃至整个社会的道德状况。习近平总书记指出,"提高包括广大劳动者在内的全民族文明素质,是民族发展的长远大计"。要在全社会倡导爱岗敬业、诚实守信、办事公道、服务群众和奉献社会的职业道德规范,弘扬"爱岗敬业、争创一流,艰苦奋斗、勇于创新,淡泊名利、甘于奉献"的劳模精神,树立辛勤劳动、诚实劳动、创造性劳动的理念,让劳动光荣、创造伟大成为铿锵的时代强音。

家庭和睦则社会安定,家庭幸福则社会祥和,家庭文明则社会文明。无论时代如何变化,无论经济社会如何发展,都应重视家庭建设,注重家庭、注重家教、注重家风,加强家庭美德建设。要注重从中华民族生生不息、薪火相传的精神中汲取力量,弘扬尊老爱幼、妻贤夫安,母慈子孝、兄友弟恭,耕读传家、勤俭持家,知书达礼、遵纪守法,家和万事兴等中华民族传统家庭美德,传承家庭文明建设的宝贵精神财富。要积极组织开展家庭文明建设活动,动员社会各界广泛参与,推动形成爱国爱家、相亲相爱、向上向善、共建共享的社会主义家庭文明新风尚,以千千万万家庭的好家风支撑起全社会的好风气。

个人品德在社会道德建设中具有基础性作用。社会公德、职业道德和家庭美德建设,最终都要落到个人品德的养成和建设上。每个人无论出身如何,都应把修身放在首位,不断修身正心,以臻于至善之境。对于党员干部来说,在个人品德方面应该有更高的要求,不仅要涵养谦虚、善良、诚实、勤俭等普遍性的个人品德，更要自觉定位和清醒认识党员、干部的特殊社会身份，严格约束自我，时刻警醒自身，始终保持高尚的操守和气节。

[案　例]

永葆本色的"老阿姨"龚全珍

龚全珍是开国少将甘祖昌将军夫人，曾任江西省莲花县坊楼镇南陂小学校长，1972年7月离休。她秉持"党员的崇高信仰永远不能丢"，毕生致力于老区教育事业，在乡村教师岗位上辛勤耕耘，条件再艰苦也甘之如饴。她离休40多年，离职不离岗，坚持走到基层、

2013年5月21日，龚全珍老人和江西莲花县的孩子们在一起

（新华社记者　胡晨欢／摄）

走进群众，作革命传统教育报告 1000 多场；耄耋之年建立"龚全珍工作室"，开展红色教育，以自己的言传身教弘扬党的优良传统。她对生活困难群众总是倾力帮助，尽管自己生活不宽裕，仍坚持每月为社区购买书籍，每周到福利院抚恤孤老，经常资助贫困学生。她身为将军夫人，却从不认为自己身份特殊，始终保持一颗平常之心，多次婉拒组织上给予的照顾，一直过着简朴的生活。习近平总书记曾饱含深情地介绍龚全珍老人始终保持艰苦奋斗的先进事迹，并向其致以崇高的敬意。

二、做好重点群体思想道德建设工作

加强公民道德建设，需要全社会共同努力，充分发挥重点人物、重点群体的示范作用。当前，应当重点抓好党员干部、教师、青年、公众人物这四大重点人群，共同促进我国社会文明程度的提升和公民道德素质的提高。

党员干部要做到以德服众。"为政以德，譬如北辰，居其所而众星共之。"党员干部的道德状况是社会道德的标杆。大力推动领导干部修身立德，做到明大德、守公德、严私德，以德修身、以德立威、以德服众，注重家庭、家教、家风，严格律己、勤廉齐家，管好自己的"朋友圈""生活圈"，使党员干部在道德建设方面为全社会作出表率。

教师要以德立身、以德立学、以德施教。教师是人类灵魂的工程师，承担着神圣使命。传道者自己首先要明道、信道。教师要坚持教育者先受教育，努力成为先进思想文化的传播者、党执政的坚定支持者，更好担起学生健康成长指导者和引路人的责任。要加强师德师风建设，把教书和育人统一起来，把言传和身教统一起来。

高度重视青年群体的思想道德建设。加强和改进大学生思想政治工作。高校思想政治工作关系高校培养什么样的人、如何培养人以及为谁培养人这个根本问题。要坚持把立德树人作为中心环节，把思想政治工作贯穿教育教学全过程，实现全程育人、全方位育人，努力开创我国高等教育事业发展新局面。做好高校思想政治工作，要因事而化、因时而进、因势而新。要遵循思想政治工作规律，遵循教书育人规律，遵循学生成长规律，不断提高工作能力和水平。加强对以年轻人为主体的新市民和进城务工人员的服务管理与教育引导。使他们学习掌握适应现代城市生活的必要行为规范，及时了解他们的思想状况，关注他们的合理诉求，切实承担起对他们的管理和教育责任。

加强对社会公众人物的教育引导。公众人物社会关注度高，有的还有众多的粉丝，他们的价值取向、行为方式，往往会对整个社会尤其是青少年的价值取向和行为方式产生重要影响。要从各方面对这类群体特别是演艺界人士加强教育，引导他们把德艺双馨作为人生追求。公众人物要加强自律，自觉担当社会责任，把为人、做事统一起来，做到既赢得良好声望，又展示高尚品格。

落实弘扬新风正气的要求，结合推进移风易俗，培育文明乡风、良好家风、淳朴民风，焕发乡村文明新气象，开展多方面、多层次、多样化的群众性精神文明创建活动，融入社区文化、乡村文化以及广场文化、网络文化等，提高社会组织化程度，加强媒体宣传和公益广告工作，推动"讲文明树新风"成为时尚，让"讲道德除陋习"成为风气。

三、深化群众性精神文明创建活动

群众性精神文明创建活动是人民群众群策群力、共建共享、改造社会、建设美好生活的创举，是提升国民素质和社会文明程度的有效途径，是把社会主义精神文明建设的任务要求落实到城乡基层的重要载体和有力抓手。深化群众性精神文明创建活动，要坚持以人民为中心的发展思想，以培育和践行社会主义核心价值观为根本，加强思想道德建设，弘扬中华优秀传统文化和传统美德，弘扬革命文化和社会主义先进文化，培育社会文明新风，全面提高国民素质和社会文明程度。

深入开展创建文明城市、文明村镇、文明单位、文明家庭、文明校园等活动。精神文明创建活动，归根到底是为百姓谋福祉，让社会更和谐。各类创建活动都要突出思想道德内涵，坚持创建为民惠民，不断扩大覆盖面，增强实效性，有力推动社会文明进步，提升城乡居民的获得感和幸福感。要推动人们在为家庭谋幸福、为他人送温暖、为社会作贡献的过程中提高精神境界、培育文明风尚。近年来，更多崇德向善、文化厚重、和谐宜居的文明城市引人注目；一大批美丽乡村、文明村镇映

《在会见第一届全国文明家庭代表时的讲话》

入眼帘；员工素质大幅提高、规章制度不断完善、行业风气清新向上的文明单位层出不穷；许许多多爱国爱家、相亲相爱、向上向善的文明家庭令人感动；形式多样、健康向上、格调高雅的校园文化洋

溢青春气息；等等。各种创建活动不断向纵深发展，引领风气之先、充满生机活力，以扎实成效增强人民群众的获得感和幸福感。

深化学雷锋志愿服务。雷锋是一个时代的楷模，雷锋精神是永恒的。要大力倡导雷锋精神，弘扬奉献、友爱、互助、进步的志愿精神，进一步推动学雷锋志愿服务活动持续深入发展，引导激励人们把积极参与学雷锋志愿服务作为一种生活方式和生活习惯，使"我为人人、人人为我"蔚然成风。坚持以关爱他人、奉献社会为重点，广泛开展重大活动、扶贫救灾、敬老救孤、恤病助残、文化支教、环境保护、健身指导等志愿服务活动。注重支持和发展各类志愿服务组织尤其是专业性强的志愿服务组织，健全完善褒奖激励等制度，以制度化促进经常化持久化。

推进文明社会风尚行动。围绕讲文明、有公德、守秩序、树新风，广泛开展文明社会风尚行动，大力普及工作生活、社会交往、人际关系、公共场所等方面的文明礼仪规范，引导人们自觉遵守公共秩序和规则，抵制不良庸俗习气，倡导文明礼仪新风，养成良好行为习惯。在全社会大力倡导尊重劳动、尊重创造，使勤奋劳动、勇于创造、艰苦奋斗成为人们的生活追求。强化质量第一意识，培育工匠精神。广泛倡导"绿水青山就是金山银山"，着力培养人们的生态文明、绿色环保、节俭节约、社会责任意识，力戒奢侈浪费，制止奢靡之风。大力开展文明交通行动，普及文明交通常识，增强文明交通意识，克服各种交通陋习。大力开展文明旅游行动，加强宣传教育、规范约束和社会监督，强化文明出游意识，有效治理旅游不文明行为，提升公民旅游文明素质。加强对文艺观演、体育观赛等的文明引导，制止不文明言行。

开展各类精神文明共建活动。经过长期的探索和发展，精神文明共建活动形成了多样的有效途径和宝贵经验，如城乡共建活动、区域共建活动、文明单位结对帮扶活动以及军民共建精神文明活动等。城乡共建活动关键在于加大以城带乡、城乡统筹力度，促进城乡发展一体化。要推动公共文化设施向农村覆盖，城市现代文明向农村辐射。区域共建活动关键在于以国家区域发展整体战略为基础，打造一批沿海沿江沿交通干线的"文明走廊""文明交通线""文明示范带"。文明单位结对帮扶活动关键在于动员文明单位履行社会责任，支援贫困乡村，助力脱贫攻坚。开展军民共建精神文明活动，巩固发展军政军民团结。

第三节　加强和改进思想政治工作

思想政治工作是经济工作和其他一切工作的生命线，是我们党的优良传统和政治优势。回顾党的光辉历史，每一次彪炳史册的胜利，无不彰显出党的这一政治优势。这些年一些地方和部门不同程度出现弱化思想政治工作的倾向，基层思想政治工作机构边缘化，一些领导干部不愿做、不会做、不善做，一些政工干部缺乏热忱和毅力。当前，中国特色社会主义进入新时代，思想政治工作面临新形势、新任务、新挑战，必须坚持优势，发扬优良传统，创新工作方法，推动思想政治工作开创新局面。

一、不断深化对思想政治工作的规律性认识

党的思想政治工作本质上是群众工作，是宣传群众、教育群

众、引导群众、提高群众的工作，必须坚持走群众路线。思想政治工作必须讲求春风化雨、润物无声、耐心细致、潜移默化，力求做到生动活泼，群众喜闻乐见，切忌形式主义、官僚主义，切忌简单生硬。开展思想政治工作，要注意因地制宜，因人制宜，因事制宜，因时制宜。不同地区、不同部门、不同领域的干部和群众，所处的环境、承担的任务、面临的问题不同，其思想活动的特点和要求也会有所不同。做思想政治工作一定要把握这些特点和要求，有针对性地进行，过去行之有效的好传统、好办法要坚持，更重要的是要适应新情况，不断探索新的方式、方法、手段和机制。

我们党在长期的思想政治工作实践中，创造出了许多行之有效的方法，其中主要的和常用的有：说理教育，即讲道理，运用道理的逻辑力量使人们信服，提高人们的思想认识水平；情感教育，即以情感人，寓理于情；形象教育，即通过各种艺术形式教育人，陶冶人的情操，进行思想教育；典型示范，即树立有代表性的先进单位、先进人物作为榜样，以引导和教育广大群众；表扬批评，即通过对人们的某种思想或行为给予肯定、褒奖或否定、贬斥的办法，达到引导人们的思想和行为的目的；率先垂范，即以模范作用来带动和教育群众；寓教于乐，即把思想政治教育渗透到群众性的文化娱乐活动中去；自我教育，即引导广大群众在日常的工作实践和社会生活中逐步树立正确的进步的思想，提高思想认识水平和文化道德水平。

二、增强思想政治工作的时代感、实效性和吸引力

思想政治工作要与时俱进，新时代要有新作为。新形势下思想

政治工作面临新环境新问题新挑战，带来一系列新变化新要求。思想政治工作要更加旗帜鲜明、敢于斗争、善于斗争，做到稳中求进、及时应变、有效应对。同时，进一步创新理念思路方法途径，增强思想政治工作的时代感、时效性和吸引力。

适应时代特点。新媒体时代，信息交互在时空上实现了跨越，人们获取信息的途径更多、更灵活，这极大地改变了教育者与受教育者主动与被动的固化关系，增强了受教育者的参与性、主动性、选择性，也容易导致其思想意识的多样、多元、多变。只有清醒地认识问题、直面问题，才能增强思想政治工作的有效性，做到精准施策。广大思想政治工作者要因时而进、因势而新，不断更新观念，解决好"本领恐慌"问题，实现思想政治工作优势与新媒体优势的有机融合。

网络已成为伴随青少年成长的社会元素、生活元素，这就要求思想政治工作者必须紧跟时代步伐，及时掌握和善于运用适合于青少年思维方式、生活方式、学习方式的新媒体，提高教育引导的有效性。要借助新媒体的形态语态，改变传统的说教方式，代之以平等式、交互式、引导式的交流方式，增强思想政治工作的亲和力吸引力。利用新媒体技术把抽象的理论问题、价值观问题，通过图解、视频、音频等传播形式宣传阐释。

弘扬科学精神，普及科学知识。科学精神的内涵很丰富，最基本的要求是求真务实，开拓创新。弘扬科学精神，就要坚持解放思想、实事求是，勇于面对科技发展和各项工作中的新情况新问题，通过研究和反复实践，不断创新，不断前进；就要热爱科学、崇尚真理，依据科学原理和科学方法进行决策，按照科学规律办事；就要勤于学习、善于思考，努力用科学理论、科学知识以及人类创造的一切优秀文明成果武装自己；就要甘于奉献、勇攀高峰，为祖国为人民贡献一切智慧和力量，敢于战胜前进道路上的任何困难和艰险，始终勇往直前。要高举科学的旗帜，坚决反对迷信，反对反科学、伪科学的活动。要把科学思想、科学精神、科学知识、科学方法的宣传和普及工作，作为精神文明建设的重要内容不断加强起来。

❧ 本章小结 ❧

　　社会主义思想道德建设是提高全民族素质的一项基础工程。加强思想道德建设，理想信念教育是重要基础，实施公民道德建设工程是有效抓手，加强和改进思想政治工作是制胜法宝。要弘扬科学精神，普及科学知识，开展移风易俗、弘扬时代新风行动，抵制腐朽落后文化侵蚀。

【思考题】

1. 为什么加强思想道德建设必须首先开展好理想信念教育？

2. 如何推进社会公德、职业道德、家庭美德、个人品德建设？

3. 新形势下如何加强和改进思想政治工作？

4. 领导干部如何在加强公民道德建设中发挥模范带头作用？

第五章
繁荣发展社会主义文艺

伟大事业需要伟大精神。实现中华民族伟大复兴，文艺的作用不可替代，文艺工作者大有可为。党的十八大以来，以习近平同志为核心的党中央高度重视、积极推动文艺工作，科学总结历史经验和实践探索，深刻回答文艺与党的领导、文艺与人民、文艺创作的方向与源泉等根本性问题，为繁荣发展社会主义文艺提供了科学指南。彰显着中国精神、独具中国风格的社会主义文艺正在中华民族伟大复兴的征程上焕发着更加明亮的光芒，也为人类的文明进步贡献着想象力和创造力。

第一节　文艺是时代前进的号角

"因时而兴，乘势而变，随时代而行，与时代同频共振"，这是古今中外文艺发展的普遍规律。社会主义文艺事业直接关系到党和

2014 年 10 月 22 日，电视剧界学习贯彻习近平总书记关于文艺工作重要讲话精神座谈会在京举行　　　　　　（新华社记者　赵丁喆 / 摄）

人民的精神生活、精神面貌、精神状态，是中国革命、建设、改革事业的重要精神源泉。实现"两个一百年"奋斗目标、实现中华民族伟大复兴的中国梦，必须充分运用文艺引领时代风尚，凝聚伟大力量，推动社会进步。

一、文运同国运相牵，文脉同国脉相连

文化兴国运兴，文化强民族强。文艺是文化的重要组成部分，也是传播文化的有力载体。一个伟大民族的历史进程，必定有文艺的发展与繁荣相伴随。鲁迅先生说，要改造国人的精神世界，首推文艺。举精神之旗、立精神支柱、建精神家园，都离不开文艺。

文艺是民族精神的火炬。文艺最能代表一个民族的风貌，最能

引领一个时代的风气，反映一个国家、一个民族的文化创造能力和水平。文艺作品虽然是作家艺术家的个性创造，但其背后都反映了本民族的发展状况、思想智慧、兴衰更替。孔子曾经说过，"诗可以兴，可以观，可以群，可以怨；迩之事父，远之事君；多识于鸟兽草木之名"。它说明文艺不仅可以帮助人们学到各类知识，更重要的是能够反映现实，影响风俗，振奋精神，促进社会和谐与进步。春秋战国时期，我国出现了百家争鸣的兴盛局面，开创了我国古代文化的第一个鼎盛期。唐代是中国历史上的盛世，也是诗歌、绘画、书法、散文等文艺领域大家迭出的时代。李（白）杜（甫）之诗、颜（真卿）柳（公权）之书、韩（愈）柳（宗元）之文都是其中的卓越代表。苏轼曾评论："诗至于杜子美，文至于韩退之，画至于吴道子，书至于颜鲁公，而古今之变，天下之能事尽矣。"唐代文艺全面繁荣、注重创新，进而达到顶峰，正是"盛唐气象"的最好诠释。19世纪以来，随着工业化的纵深推进和资产阶级的全面胜利，英法俄美等国经济迅速发展，综合国力不断增强，文艺创作也走向辉煌：英国的简·奥斯汀、狄更斯、哈代，法国的巴尔扎克、司汤达，俄国的普希金、果戈理、陀思妥耶夫斯基、列夫·托尔斯泰，美国的马克·吐温、杰克·伦敦、海明威，等等，都是西方文学史上彪炳史册的巨匠，留下了一批影响深远的经典名著。

"文以载道""艺以弘道"。文艺是铸造灵魂的工程。文艺作为人类精神凝结的花朵和照亮人类前途的思想灯火，不仅能够体现民族的灵魂，也能够铸造民族的灵魂。文艺通过所塑造的艺术形象、艺术境界表现人们的生活，人们的思想、情感和审美理想、爱好，承担着以文化人、以文育人的职责，用独到的思想启迪、润物无声的艺术熏陶滋养人的心灵，传递向善向上的价值观。近代以来，林则徐"苟利国家生死以，岂因祸福避趋之"的担当意识，鼓舞了无数仁人志士为民族的救亡图存抛头颅、洒热血；秋瑾"一腔热血勤珍重，洒去犹能化碧涛"的舍我其谁的使命意识，激励了一代代革命志士为国家的进步慷慨以赴。20 世纪初，在五四新文化运动中，发端于文艺领域的创新风潮对社会变革产生了重大影响，成为全民族思想解放运动的重要引擎。

1964 年 10 月，大型音乐舞蹈史诗《东方红》在北京人民大会堂首次公演

（新华社记者　邹健东 / 摄）

文艺事业是党和人民事业的重要组成部分。我们党历来高度重视文艺工作，在革命、建设、改革各个时期，充分运用文艺引领时代风尚、鼓舞人民前进、推动社会进步。抗战时期，聂耳的《义勇军进行曲》以奔放的革命热情、激昂的旋律唱出了时代的最强音；冼星海的《黄河大合唱》热情讴歌中华儿女坚贞不屈的斗争精神，向全中国全世界发出了民族解放的战斗号角。1942 年延安文艺座谈会后，广大文

艺工作者创作出一大批适应抗战需要、深受广大群众欢迎的优秀文艺作品。比如，戏剧方面有大型新歌剧《白毛女》，以及《兄妹开荒》《夫妻识字》等；小说方面有《小二黑结婚》《李有才板话》等。这些文艺作品为坚持抗战，为创造"民族的科学的大众的"新民主主义文化作出了重要贡献。新中国成立后，小说《青春之歌》《红岩》，音乐舞蹈史诗《东方红》，民族芭蕾舞剧《红色娘子军》，话剧《茶馆》《日出》，电影《上甘岭》等优秀作品，都影响了几代人。

二、讴歌时代、引领时代是文艺工作者的责任

文艺能够"发时代之先声、开社会之先风、启智慧之先河，成为时代变迁和社会变革的先导"。一个时代有一个时代的精神，一个时代有一个时代的文艺。任何一个时代的经典文艺作品，都是那个时代社会生活和精神的写照，都具有那个时代的烙印和特征。任何一个时代的文艺，只有同国家和民族的命运紧紧维系、休戚与共，才能发出振聋发聩的时代之音。

"文变染乎世情，兴废系乎时序。"社会经济状况和社会生产方式决定了文艺的发展与特点。从文学史上看，无论东方还是西方，文学都是时代的见证者，文学家们所抒写的必然是观察和沉淀之后的时代风云。先秦时期，《诗经》中从各地采集的诗歌，是当时百姓日常生活的真实写照和情感的真实流露。汉魏时期，以"三曹"和"七子"为代表的慷慨悲凉的"建安风骨"，至今仍被人们推为典范。无论汉赋、唐诗、宋词、元曲以及明清的小说，它们之所以能成为一代文学典型的代表形式，虽与文学自身的发展有关，但更为重要的是与它们所处的时代有关，与那个时代人们的生活方式、

审美趣味相关，服务于那个时代，代表那个时代。近代著名学者王国维说："凡一代有一代之文学：楚之骚，汉之赋，六代之骈语，唐之诗，宋之词，元之曲，皆所谓一代之文学。"

"文章合为时而著，歌诗合为事而作。"在人类发展的重大历史关头，文艺往往成为时代变迁和社会变革的先导，对社会和时代产生巨大的促进或者阻碍作用。在欧洲文艺复兴运动中，拉斐尔、达·芬奇等天才画家通过一幅幅美术作品引领了当时的社会风气；但丁的《神曲》充分肯定了人的个性解放和现世生活；拉伯雷的《巨人传》引领了法国的人文主义思潮；托马斯·莫尔的《乌托邦》描绘了一个没有人剥削人、没有专治暴政的理想社会；莎士比亚更是因充满现实主义与人本精神的不朽名作，被誉为"时代灵魂"。这些文艺巨匠和作品对社会变革产生了巨大的影响，恩格斯说，这"是一个需要巨人并且产生了巨人的时代，那是一些在思维能力、激情和性格方面，在多才多艺和学识渊博方面的巨人"。

讴歌时代、引领时代是文艺工作者的使命。广大文艺工作者作为时代风气的先觉者、先行者、先倡者，应该紧紧把握时代脉搏，自觉顺应社会发展潮流，深刻体察人民的喜怒哀乐，潜心耕耘，孜孜以求，把个人的艺术追求融入国家发展的洪流之中，把文艺的生动创造寓于时代进步的大潮之中，唱响时代主旋律，努力为发展社会主义先进文化建功立业。

三、文艺担负着推动实现中华民族伟大复兴的历史使命

实现中华民族伟大复兴，是一场震古烁今的伟大事业，需要坚忍不拔的伟大精神，也需要振奋人心的伟大作品。没有先进文化的

积极引领，没有人民精神世界的极大丰富，没有民族精神力量的不断增强，一个国家、一个民族不可能屹立于世界民族之林。

2014 年 10 月 15 日，习近平总书记主持召开了文艺工作座谈会并发表了重要讲话。2016 年 11 月 30 日，习近平总书记在中国文联十大、中国作协九大开幕式上发表重要讲话。习近平总书记这些重要讲话，为进一步繁荣发展中国特色社会主义文艺提供了强大的理论指南，推动文艺领域发生许多可喜变化：整体文艺环境趋于健康，低俗媚俗、急功近利、粗制滥造的文艺作品得到遏制，秉持工匠精神、提高精品意识受到普遍认同，德艺双馨越来越成为广大文艺工作者的自觉追求；大批作家艺术家踊跃参与"深入生活、扎根人民"主题实践活动，坚持到基层和群众中去。广大文艺工作者迸发出创造活力，创作力度明显加大，优秀文艺作品和人才不断涌现。

《在文艺工作座谈会上的讲话》

当代中国正经历着我国历史上最为广泛而深刻的社会变革，也正在进行着人类历史上最为宏大而独特的实践创新，给文艺创作提供了强大动力和广阔空间。近年来，影视剧《红海行动》《最美的青春》《鸡毛飞上天》，综艺节目《中国诗词大会》《朗读者》《国家宝藏》，专题片《将改革进行到底》《永远在路上》等，深刻反映了改革开放时代风貌，深切感应了时代主题和人民心声。在实现中华民族伟大复兴的历史进程中，如何运用文艺讲好中国故事、传播好中国声音、阐发中国精神、展示中国魅力，是树立当代中国良好形象、提升国家文化软实力的重要任务。要通过更多有筋骨、有道德、有温度的文艺作品，书写和记录人民的伟大实践、时代的进步要求，启迪思想、滋养心灵、陶冶人生，激励全国各族人民朝气蓬勃迈向未来。

第二节　坚持以人民为中心的创作导向

为什么人的问题，是文化建设的根本性、原则性问题，也是涉及文艺的本质的问题。源自人民、为了人民、属于人民，是社会主义文艺最根本的立场和最鲜明的特征，也是社会主义文艺繁荣发展的关键所在。

《在中国文联十大、中国作协九大开幕式上的讲话》

一、社会主义文艺是人民的文艺

人民既是历史的创造者、也是历史的见证者，既是历史的"剧中人"、也是历史的"剧作者"。社会主义文艺是人民的文艺。列宁强调，"艺术属于人民，它必须深深地扎根于广大劳动群众中间，它必须为群众所了解和爱好"。

人民需要文艺。人民对精神文化生活的需求时时刻刻都存在。人民群众在劳动生活中，凝聚了美好的理想、经历了悲欢离合、充满了对社会进步和幸福生活的憧憬。"非陈诗何以展其义，非长歌何以骋其情。"人民把文艺作为沟通内心体验、交流生活经验的重要媒介，作为抒情明志、传情达意的重要方式。孔子说"在齐闻《韶》，三月不知肉味"，生动形象地说明文艺是人类精神生活中不可或缺的必需品，能够使人们在怡情畅志中潜移默化、在倾心赏美中接受教育。

文艺需要人民。人民是文艺创作的源头活水，一旦离开人民，文艺就会变成无根的浮萍、无病的呻吟、无魂的躯壳。一切优秀的文艺作品，都源于人民群众的社会生活，要么是人民群众的直接创造，要么来自人民群众的生产、生活中的素材。我国的藏族史诗《格萨尔》、蒙古族史诗《江格尔》、柯尔克孜族的《玛纳斯》等都是民间的创作。古今中外，人民中蕴藏着许多文艺创作的天才，正是从他们中不断成长起一代代杰出的文艺家。人民的需要是文艺存在的根本价值所在。能不能创造出优秀作品，最根本的决定于是否能为人民抒写、为人民抒情、为人民抒怀。屈原的"长太息以掩涕兮，哀民生之多艰"，杜甫的"安得广厦千万间，大庇天下寒士俱欢颜"等，都深刻反映了人民心声。《荷马史诗》赞美了人民勇敢、正义、无私、勤劳等品质，《十日谈》反映了人民对精神解放的热切期待。那些轰动当时、传之后世的文艺作品，反映的都是时代要求和人民心声。

习近平总书记强调："只有永远同人民在一起，艺术之树才能常青。"社会主义文艺之所以焕发勃勃生机，正在于它与人民之间的血肉联系。作家老舍熟稔胡同京腔、城墙鸽哨，对底层市民生活了如指掌，才写出了《骆驼祥子》《四世同堂》《茶馆》等经典之作，赢得了"人民艺术家"的赞誉。自觉以最广大人民为服务对象和表现主体，生动展现人民创造历史的伟大进程，歌颂光明、抒发理想，鞭挞丑恶、抵制低俗，给人民信心和力量，是社会主义文艺事业兴旺发达的根本所在。

二、坚持为人民服务、为社会主义服务根本方向

坚持"二为"方向是我们党领导文艺工作的重要方针。早在延安文艺座谈会上毛泽东同志就提出，文学艺术为人民大众，首先是为工农兵服务。邓小平同志指出："文艺为人民服务、为社会主义

服务"，并强调"人民是文艺工作者的母亲"。文艺为人民服务、为社会主义服务，这是党对文艺战线提出的一项基本要求，也是决定新时代我国文艺事业前途命运的关键。

坚持"二为"方向，就是以人民的根本利益为出发点和落脚点，以最广大人民为表现主体与服务对象，以人民欢迎的各种创作形式，创造出反映人民呼声、体现人民情感、表达人民愿望的文艺作品，不断满足人民大众不断增长的文化需求；就是直面社会主义建设的客观现实，密切关注改革开放的时代风云，积极投身社会主义先进文化建设实践，真正把艺术追求融入新时代中国特色社会主义的历史潮流之中，创作出符合新时代要求的优秀文艺作品。

站在新时代的高度，习近平总书记对社会主义文艺的本质问题进行了科学回答和深刻阐释，强调"社会主义文艺，从本质上讲，就是人民的文艺"，重申了坚持以人民为中心的创作导向和"二为"发展方向，既与马克思主义文艺观一脉相承，又具有丰富鲜明的时代内涵。在社会主义革命、建设、改革的各个历史时期，文艺工作者坚持以人民为中心，与时代同进步、与祖国共命运、与人民心连心，生动描绘人民群众在党领导下创造幸福生活的生动实践与精神风貌，不断推出反映人民呼声、振奋民族精神、陶冶高尚情操的优秀作品，为激励亿万人民投身民族解放、国家富强、改革开放的宏伟事业作出了重要贡献。

进入新时代，随着人民生活水平不断提高，人民对包括文艺作品在内的文化产品的质量、品位、风格等的要求也更高了。满足广大人民群众对文艺的新需求、新愿望，就要更好坚持"二为"方向，准确把握时代的脉搏、社会实践的本质、社会生活的主流，坚持把社会效益放在首位，努力实现社会效益和经济效益、社会价值和市

2015 年 9 月 22 日，国家大剧院上演"最好的未来"公益音乐会

（新华社记者　金良快 / 摄）

场价值相统一。文学、戏剧、电影、电视、音乐、舞蹈、美术、摄影、书法、曲艺、杂技以及民间文艺、群众文艺等各领域都要跟上时代发展、把握人民需求，以充沛的激情、生动的笔触、优美的旋律、感人的形象创作生产出人民喜闻乐见的优秀作品，让人民精神文化生活不断迈上新台阶。

[案　例]

国家大剧院为百姓提供丰富艺术作品

2007 年建院以来，国家大剧院始终坚持高品位、高水准的高雅艺术追求，为人民群众提供优质丰富的精神食粮，上演了 8700 余场高雅艺术演出，售票 930 余万张，举办艺术普及教育活动和演出 1 万余场，吸引观众近 1900 万人次。国家大剧院还按照"一棵苗一棵苗地滴灌、一个人一个人地培养"的"滴灌工程"理念，不仅打造"周末音乐会""经典艺术讲堂"等艺术普及活动品牌，而且通过推出"歌剧兴趣培养学校""国家大剧院音乐附小"等活动，创新艺术普及形式，将高雅艺术送入寻常百姓家。

三、扎根人民、扎根生活开展文艺创作

人民生活是一切文学艺术取之不尽、用之不竭的源泉。人民不断创造生活、创新实践，不断为文艺提供丰富多彩、鲜活生动的素材。"闭门觅句非诗法，只是征行自有诗。"没有对生活的深刻体验和观照，没有对社会的敏锐洞察和反映，就没有文艺可言。

习近平总书记指出，"文艺创作方法有一百条、一千条，但最根本、最关键、最牢靠的办法是扎根人民、扎根生活"。扎根人民、扎根生活，就是始终把人民的冷暖放在心中、把万家的忧乐倾注笔端，自觉把人民群众作为服务对象和表现主体，深入人民群众的实际生活，体察他们的内心世界，感受他们的喜怒哀乐，从他们的生活和创造中挖掘文艺创作的丰富宝藏，汲取诗情画意和艺术灵感；就是把个人的艺术追求融汇到亿万群众创造幸福生活和美好未来的共同理想中，在人民的历史创造中进行艺术的创

造，在人民的进步中造就艺术的进步，从而创作出内涵丰富、形象生动、情感真挚、思想深刻、真正为人民群众喜闻乐见的优秀作品。

我们党一直强调广大文艺工作者要深入生活、扎根人民。早在延安时期，"到农村、到工厂、到部队中去，成为群众的一分子"的响亮口号，激励广大文艺工作者积极投身于抗战的烽火斗争和人民群众的火热生活，一大批鼓舞人民抗战斗志、深受群众欢迎的优秀文艺作品应运而生。新中国成立后，著名作家柳青几十年如一日生活在农民中间，小说大都以农村生活为题材，其代表作《创业史》影响了几代读者。作家路遥扎根黄土地，创作出以《人生》《平凡的世界》等为代表的优秀作品，深刻反映了时代的精神风貌，温暖了无数人的心灵。

文艺创作是艰苦的创造性劳动，是远离浮躁、不求功利得来的，是呕心沥血铸就的。我国古人说："吟安一个字，捻断数茎须。""两句三年得，一吟双泪流。"新时代繁荣发展文艺，文艺工作者需要深入生活、扎根人民，虚心向人民学习、向实践学习，不断进行生活的积累和艺术的提炼。各级党委和政府要建立健全长效保障机制，为他们蹲点生活、挂职锻炼、采风创作提供必要的条件和成果展示平台，发挥知名作家艺术家的带头示范作用，使深入生活、扎根人民在文艺创作中蔚然成风。

第三节　中国精神是社会主义文艺的灵魂

习近平总书记在文艺工作座谈会上提出，中国精神是社会主义文艺的灵魂。这一重要论断，立足于我国独特的文化传统、独特的历史命运和独特的基本国情，定方向、立纲领，点问题、提神气，具有鲜明的时代特征和深刻的思想内涵。中华民族之所以能够在几千年的历史长河中生生不息、薪火相传、顽强发展，很重要的原因就是拥有一脉相承的精神追求、精神特质、精神脉络。这种一以贯之的精神特质与追求，为民族复兴提供了强大的精神力量，也为社会主义文艺发展奠定了精神基石。

一、把社会主义核心价值观贯穿文艺创作始终

中国精神，就是中华民族赖以维系的精神纽带，是所有中国人共同的思想道德基础，是各民族共有的精神家园，也是中华民族共有的核心价值观。社会主义核心价值观是当代中国精神的集中体现，是凝聚中国力量的思想道德基础。作为铸造灵魂的工程，文艺创作要始终高扬社会主义核心价值观的旗帜，把以爱国主义为核心的民族精神和以改革创新为核心的时代精神作为主旋律，追求真善美，让中国精神成为中国文艺的灵魂。

把社会主义核心价值观贯穿文艺创作始终，是社会主义文艺实现其道德功用和美学功能的必然要求。"文者，贯道之器也。"社会主义文艺的"道"，就是中国精神，就是社会主义核心价值观。对文艺来讲，思想和价值观念是灵魂，一切表现形式都是表达一定思想和价值观念的载体。离开了思想和价值观念，再丰富多样的表现形式也是苍白无力的。贯穿中国精神的文艺作品就像蓝天上的阳光、春季里的清风一样，能够启迪思想、滋润心灵、陶冶人生，能够扫除颓废萎靡之风。生活中并非到处都是莺歌燕舞、花团锦簇，

社会上还有许多不尽如人意之处、还存在一些丑恶现象。文艺创作应该用现实主义精神和浪漫主义情怀观照现实生活，用光明驱散黑暗，用美善战胜丑恶，让人们看到美好、看到希望、看到梦想就在前方。

把社会主义核心价值观贯穿文艺创作始终，是由新时代社会主义文艺的使命决定的。改革开放以来，我国经济发展很快，人民生活水平提高也很快。同时，我国社会正处在思想大活跃、观念大碰撞、文化大交融的时代，出现了一些新问题。其中比较突出的一个问题就是少数人价值观缺失，观念没有善恶，行为没有底线，没有国家观念、集体观念、家庭观念，不讲对错，不问是非，不知美丑，不辨香臭，浑浑噩噩，穷奢极欲。这些问题如果得不到有效解决，改革开放和社会主义现代化建设就难以顺利推进。邓小平同志早就告诫我们："风气如果坏下去，经济搞成功又有什么意义？会在另一方面变质。"文艺创作的目的是引导人们找到思想的源泉、力量的源泉、幸福的源泉，在为整个社会凝魂聚气、涤浊扬清上有着极其重要的作用。社会主义文艺要把社会主义核心价值观生动活泼、活灵活现地体现在创作之中，用栩栩如生的作品形象告诉人们什么是应该肯定和赞扬的，什么是必须反对和否定的，用理性之光、正义之光、善良之光照亮生活。

把社会主义核心价值观贯穿文艺创作始终，就要把爱国主义作为常写常新的主题。在社会主义核心价值观中，最深层、最根本、最永恒的是爱国主义。歌唱祖国、礼赞英雄从来都是文艺创作的永恒主题，也是最动人的篇章。高扬爱国主义主旋律，用生动的文学语言和光彩夺目的艺术形象，装点祖国的秀美河山，描绘中华民族的卓越风华，激发每一个中国人的民族自豪感和国家荣誉感，是社会主义文艺创作的神圣使命。古往今来，拥有家国情怀的作品，最能感召中华儿女团结奋斗。范仲淹的"先天下之忧而忧，后天下之乐而乐"，陆游的"王师北定中原日，家祭无忘告乃翁"、"位卑未敢忘忧国"，文天祥的"人生自古谁无死，留取丹心照汗青"，方志敏的《可爱的中国》，等等，都以全部热情抒发对国家的赤胆忠心。新时代的文艺更要把爱国主义作为创作的主旋律，抒写多彩的中国、进步的中国、团结的中国，引导人民树立和坚持正确的历史观、民族观、国家观、文化观，增强做中国人的骨气和底气，激励全国各族人民朝气蓬勃迈向未来。

弘扬社会主义核心价值观不仅是文艺创作者的任务，从政府和社会角度讲，需要加大对优秀文化产品的推广力度，开展优秀文化产品展演展映展播活动、经典作品阅读观看活动；完善文化产品评价体系，坚持文艺评论评奖的正确价值取向；激发每个人心中蕴藏的道德意愿、道德情感，最大限度地唱响正气之歌，使社会主义核心价值观成为人们心灵的寄托，成为人们行动的指针。

二、追求真善美

真善美是中国精神的精髓。真正的艺术精品都是真善美的高度融合，内容与形式的和谐统一。追求真善美不仅是文艺的永恒价值，也是社会主义文艺遵循的一般规律。我们要通过文艺作品传递真善美，传递向上向善的价值观，引导人们增强道德判断力和道德荣誉感，向往和追求讲道德、尊道德、守道德的生活。

"真"是指文艺要通过合乎艺术规律的方式，将社会的真实、历史的真实以及作家艺术家的真情实感表现出来。它指向真实、真情，表达了一种历史理性，是文艺作品的生命之基。纵观古今中外，优秀的文艺作品总是通过特有的叙事方式来表达社会人生的真实面貌、历史发展的真实轨迹、人民群众的真实呼声，以扎根现实的方法创造有血有肉的人物形象，以真情实感引发同代和后世读者的强烈共鸣。

"善"是指文艺要反映出对生命的尊重、对理想道德的追求、对幸福美好的向往等。它指向道德、美德，表达了一种人文关怀，是文艺作品的价值之源。优秀的文艺作品，总是能传递出向上、向优、向好的价值取向，闪耀着道德的光芒、展现着道德的力量。优秀的文艺作品之所以能够被广泛接受和认同，被一代代人当作益智、修身、崇德、济学的经典，正是因为其中所蕴含的道德力量与人文精神。

"美"是指文艺要充分体现艺术品质，在真和善相统一的基础上，给人以精神上的愉悦和享受。它指向审美，表达了一种艺术升华，是文艺作品的存在之道，具体体现为语言美、形象美、精神美、意境美和形式美等。文艺的美是对现实美的升华，既有对人们生理、情感的满足，也有对人们审美旨趣、精神境界、道德情怀的提升。文艺的最高境界就是让人心动，让人们发现自然的美、生活的美、心灵的美，从而得到灵魂的洗礼、得到审美的情趣、得到感情的丰盈、得到更丰富的生活体验。

我们强调文艺要挖掘真、倡导善、追求美，有很强的现实针对性。有些文艺作品违背历史真实、违背生活规律，是非混淆、善恶不辨、美丑不分，搜奇猎艳、低级趣味、一味媚俗，沦为追逐利益的"摇钱树"、感官刺激的"摇头丸"。我们要以习近平新时代中国特色社会主义思想为指导，始终把社会主义核心价值观贯穿到文艺创作中，并以此作为文艺作品的评价标准，引导人们增强道德判断力、道德荣誉感和审美能力，营造积极健康的精神环境和刚健有为的文化氛围，使人们在艺术的熏陶与情感的激荡中，自觉而又自然传递真善美，贬斥假恶丑。

三、传承和弘扬中华美学精神

中华美学精神是中国精神的重要内容。它内在于中华文化之中，是中华民族在审美感知、审美情感、审美趣味、审美价值、审美理想等方面所体现出的精神特质。传承和弘扬中华美学精神，是繁荣发展社会主义文艺的题中应有之义。

"求木之长者，必固其根本；欲流之远者，必浚其泉源。"文艺创作不仅要有当代生活的底蕴，而且也要有文化传统的血脉。文艺之根深植于民族文化传统的土壤中，无论作品的形式、风格还是作家艺术家本身，都不同程度地吸收了民族文化传统的有益滋养。伏尔泰曾经指出，"从写作的风格来认出一个意大利人、一个法国人、一个英国人或一个西班牙人，就像从他面孔的轮廓、他的发音和他的行动举止来认出他的国籍一样容易"。只有扎根生于斯、长于斯的土地，文艺才能接住地气、增加底气、灌注生气，在世界文化激荡中站稳脚跟。

中华美学精神突出的表现就在于讲求托物言志、寓理于情，讲求言简意赅、凝练节制，讲求形神兼备、意境深远，强调知、情、意、行相统一。正是由于凝聚着在悠久的历史长河中积淀而成的智慧、气韵、神采，中华民族才能为世人奉献了洋洋大观、辉煌灿烂的文艺经典。楚辞汉赋、唐诗宋词、元代戏曲、明清小说，都蕴含着中华民族的文化基因，都是中国乃至世界文艺发展史上的瑰宝。比如孔子的"从心所欲，不逾矩"的自由，庄子的"物我两忘"的逍遥，都是一种入世与出世的交融统一，是一种精神的虚静与高逸，也是一种真善美融会贯通的人生情致和审美旨趣。再如中国国画妙在"似与不似之间"，中国戏曲"以歌舞演故事"，以虚代实，营造意境，都旨在追求诗性品格和超越精神。可以说，坚守中华文化立场、传承中华文化基因，展现中华审美风范是内在统一的，是中国文艺创作的鲜明特征。

传承和弘扬中华美学精神，就要不忘本来、吸收外来、面向未来。优秀的文艺作品既是历史的、也是当代的，既是民族的、也是世界的。"落其实者思其树，饮其流者怀其源。"只有在继承中转化，在学习中超越，创作出更多体现中华文化精髓、反映中国人审美追求、传播当代中国价值观念、符合世界进步潮流的优秀作品，我国文艺才能以鲜明的中国特色、中国风格、中国气派屹立于世。如果跟在别人后面亦步亦趋、东施效颦，热衷于"去思想化""去价值化""去历史化""去中国化""去主流化"，绝对是没有前途的。从近些年的实践来看，在对外传播中获得好评的作品，无不是以中华美学精神打动世界。比如，小提琴协奏曲《梁祝》取材于家喻户晓的民间故事，在吸收越剧曲调元素的基础上，把交响乐与我国传统音乐表现手法融合起来，成为交响乐民族化的经典之作。《孔子》《记住乡愁》等纪录片、《大圣归来》《大鱼海棠》等动画电影之所以在海外广获好评，源自国际化的视角、平民化的叙事，更源自中国哲学的厚重和中国文化的兴味，及其所表达的东方美学意境。

[案 例]

《中国诗词大会》广受欢迎

　　《中国诗词大会》自 2016 年开播即获得广泛关注，点燃了全社会对中国古典诗词学习和传播的热情，产生了巨大的社会反响。据统计，首轮播出，央视综合频道、科教频道，两套节目收看人数累计 12 亿人次。普通人的参与是节目的最大亮点。没有明星，没有偶像，甚至少有专业人士。但正是这些普通人的表现，让人看到了诗词对塑造人生的重大作用。

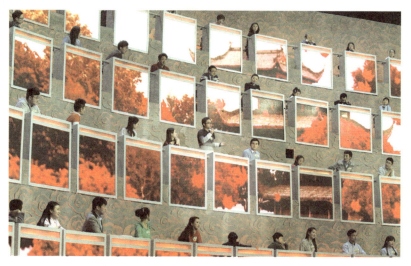

2017 年 1 月 24 日，参加《中国诗词大会》第二季录制的选手们

（新华社发）

第四节　创作无愧于时代的优秀作品

实现"两个一百年"奋斗目标、实现中华民族伟大复兴中国梦，需要更好更多的文艺精品弘扬中国精神、传播中国价值、凝聚中国力量。新时代，我们要从建设社会主义文化强国的高度，增强文化自觉和文化自信，不辜负时代召唤、不辜负人民期待，用心用情用功抒写伟大时代，不断推出讴歌党、讴歌祖国、讴歌人民、讴歌英雄的精品力作，书写中华民族新史诗。

一、将创作生产优秀作品作为文艺工作的中心环节

优秀文艺作品反映着一个国家、一个民族的文化创造能力和水平。衡量一个民族、一个时代的文艺成就最终要看作品。文艺活动是多种要素、多重环节构成的社会活动，但它的全部内容，都是围绕作品来进行，它的所有表达、所有价值，都要靠作品来实现。推动文艺繁荣发展，最根本的是要创作生产出无愧于我们这个伟大民族、伟大时代的优秀作品。没有优秀作品，其他事情搞得再热闹、再花哨，都只是表面文章，并不能真正深入人民精神世界，不能触及人的灵魂、引起人民思想共鸣。

"龙文百斛鼎，笔力可独扛。"优秀文艺作品传播当代中国价值观念、体现中华文化精神、反映中国人审美追求，集思想性、艺术性、观赏性于一身。优秀作品并不拘于一格、不形于一态、不定于一尊，既可以阳春白雪，也可以下里巴人。只要有正能量、有感染力，能够陶冶情操、启迪心智，传得开、留得下，为人民群众所喜

爱，就是优秀作品。改革开放以来，我国文艺创作迎来了新的春天，产生了大量脍炙人口的优秀作品。同时，也要看到文艺创作也存在着有数量缺质量、有"高原"缺"高峰"的现象，存在着抄袭模仿、千篇一律的问题，存在着机械化生产、快餐式消费的问题。历史和现实告诉我们，文艺如果在市场经济大潮中迷失方向，如果在为什么人的问题上发生偏差，就会失去生命力。推动文艺创作从"高原"迈向"高峰"，需要文艺工作者将创作作为中心任务，把作品作为立身之本，把提高质量作为作品的生命线，静下心来搞创作、精益求精出精品。文艺是给人以价值引导、精神引领、审美启迪的，艺术家自身的思想水平、业务水平、道德水平是根本。一部好的作品，应该是经得起人民评价、专家评价、市场检验的作品，应该是把社会效益放在首位，同时也应该是社会效益和经济效益相统一的作品。当两个效益、两种价值发生矛盾时，经济效益要服从社会效益，市场价值要服从社会价值。文艺不能当市场的奴隶，不要沾满了铜臭气。

新时代，为人民奉献最好的精神食粮，要求文艺工作者坚持以人民为中心的创作导向，把艺术理想融入党和人民事业之中，做到胸中有大义、心里有人民、肩头有责任、笔下有乾坤，反映时代呼声、展现人民奋斗、振奋民族精神、陶冶高尚情操；自觉坚守艺术理想，不断提高学养、涵养、修养，加强思想积累、知识储备、文化修养、艺术训练，努力做到"笼天地于形内，挫万物于笔端"；要处理好义利关系，践行"铁肩担道义"的社会责任，认真严肃地考虑作品的社会效果，讲品位、重艺德，在市场经济大潮面前耐得住寂寞、稳得住心神，不为一时之利而动摇、不为一时之誉而急躁，敢于向炫富竞奢的浮夸说"不"，向低俗媚俗的炒作说"不"，向见利忘义的陋行说"不"。努力以高尚的职业操守、良好的社会形象、文质兼美的优秀作品赢得人民喜爱和欢迎。

"诗文随世运，无日不趋新。"创新是文艺的生命。刘勰在《文心雕龙》中就多处讲到，作家诗人要随着时代生活创新，以自己的艺术个性进行创新。文艺创作中出现的一些问题，同创新能力不足很有关系。要把提升文艺原创力、推动文艺创新贯穿文艺创作生产全过程，把提高作品的精神高度、文化内涵、艺术价值作为追求，在提高原创力上下功夫，在拓展题材、内容、形式、手法上下功夫，推动观念和手段相结合、内容和形式相融合、各种艺术要素和技术要素相辉映，让作品更加精彩纷呈、引人入胜。

互联网技术和新媒体改变了文艺形态，催生了一大批新的文艺类型，也带来文艺观念和文艺实践的深刻变化。据统计，2017年中国网络小说新增原创作品233.6万部，新增签约作品22万部，网络音乐用户5.55亿，网络文学用户4.06亿，网络视频用户6.09亿，超过74%的网民使用短视频应用。对网络文艺这个新生事物，要全面辩证地认识和把握，一方面加强有效规范和引导，解决好野蛮生长、良莠不齐的问题，一方面抓好培育和引领，推动网络文艺持续健康发展，成为当代中国文艺发展的"最大增量"。

二、加强和改进文艺评论

文艺批评是文艺创作的一面镜子、一剂良药，是引导创作、多出精品、提高审美、引领风尚的重要力量，是沟通作品与受众之间的桥梁。好的文艺批评是对文艺作品客观的分析、阐释与评价，既能够充分揭示出文艺作品的精髓所在，也能够指出其缺点与不足。

繁荣发展社会主义文艺创作，不断推出优秀作品，必须打磨好文艺批评这把"利器"。

打磨好文艺批评这把"利器"，就要坚持实事求是，倡导说真话、讲道理。真理越辩越明。文艺批评要的就是批评，不能都是表扬甚至庸俗吹捧、阿谀奉承。一点批评精神都没有，都是表扬和自我表扬、吹捧和自我吹捧、造势和自我造势相结合，不是真正的文艺批评。当前，有的批评家在不良思潮、低俗趣味、错误思想面前不敢发声，不敢旗帜鲜明地提出批评；有的眼里全是圈子、面子和人情，一味跟在创作后面点头应声，唯恐表扬没能说足说尽，批评则躲躲闪闪。这些做法极大地弱化了文艺批评褒优贬劣、激浊扬清的重要功能，对文艺的健康发展极为有害。作家艺术家应当敢于面对批评自己作品短处的批评家，以敬重之心待之，乐于接受批评。实践证明，只有真正的批评，才能对文艺创作产生积极引导作用，我们的文艺作品才能越来越好。

打磨好文艺批评这把"利器"，就要以马克思主义文艺理论为指导。马克思主义文艺理论是社会主义文艺创作和文艺批评的根本指导思想，马克思主义唯物史观和文艺观始终是社会主义文艺批评的主心骨。当前我们的文艺批评总体上都能够坚持以马克思主义文艺理论为指导，运用历史的、人民的、艺术的、美学的观点评判和鉴赏作品。同时也要看到，有的文艺批评套用西方文艺理论剪裁中国人的审美，以西方文论为标准思考问题、解析文本，挪用西方话语解释中国的创作实践，等等。对于现代西方文艺理论，应当以我为主、批判借鉴，而不是照单全收、生搬硬套。这是马克思主义文艺理论的一个基本原则。同时，我们还要继承中国古代文艺批评理论优秀遗产，深入探究中华文论宝藏，研究梳理、传承弘扬中华美学精神，学习和挖掘思维、表达、韵律等方面的精髓，实现传统文论的现代转化，展现中华审美风范。

打磨好文艺批评这把"利器"，不能用商业标准取代艺术标准。文艺批评的战斗力、说服力，很大程度上来自于对思想标准、艺术标准的坚守。如果把文艺作品完全等同于普通商品，信奉"红包厚度等于评论高度"，文艺批评褒贬甄别的功能就会丧失，文艺就难以健康发展。今天，在市场经济、商业文化的影响下，文艺批评也产生了一些不良现象。有的受商业利益驱动，评论一部作品，不是从艺术的立场出发，而是从商业立场出发，不问对错、不管好坏，哪些作品在市场上受到热捧就追踪哪些作品，对文艺创作和文艺发展产生了极大的危害。面对市场，文艺评论工作者决不能一味迎合和屈就，而是要摒弃浮躁，精益求精，始终坚持思想标准、艺术标准，披沙拣金、去芜存菁，不断把思想性、艺术性高度统一的精品佳作推介给人民群众，营造积极健康的时代风尚。

三、把文艺队伍建设摆在更加重要的位置

伟大的文艺展现伟大的灵魂，伟大的文艺来自伟大的灵魂。繁荣文艺创作、推动文艺创新，必须有大批德艺双馨的文艺名家。习近平总书记强调，"要把文艺队伍建设摆在更加突出的重要位置，努力造就一批有影响的各领域文艺领军人物，建设一支宏大的文艺人才队伍"。

建设文艺队伍，需要加强和改进党对文艺工作的领导。各级党委要贯彻好党的文艺方针政策，把握文艺发展正确方向。选好配强文艺单位领导班子，把那些德才兼备、能同文艺工作者打成一片的

干部放到文艺工作领导岗位上来；尊重文艺工作者的创作个性和创造性劳动，政治上充分信任，创作上热情支持，营造有利于文艺创作的良好环境。诚心诚意同文艺工作者交朋友，关心他们的工作和生活，倾听他们的心声和心愿；重视文艺阵地建设和管理，坚持守土有责，绝不给有害的文艺作品提供传播渠道。

要建设一支宏大的文艺人才队伍。广大文艺工作者要自觉讲品位、讲格调、讲责任，自觉遵守国家法律法规，加强道德品质修养，坚决抵制低俗庸俗媚俗，用健康向上的文艺作品和做人处事陶冶情操、启迪心智、引领风尚。建设文艺人才队伍，就要发挥德艺双馨的文艺名家的引领作用。培养造就文艺领军人物和高素质文艺人才，加大对青年拔尖人才的支持力度，是带动文艺人才队伍整体建设的重要抓手。随着经济社会发展和人们思想文化水平提高，文艺创作进入空前大众化的阶段，但在广大人民群众心目当中，有影响力、代表性的名家大师还不够多。近年来，无论是文化名家暨"四个一批"人才工程的引领效应，还是国家"千人计划""万人计划"文化艺术人才项目的实施效果，都证明了加大文艺名家资助扶持、宣传推介力度，对文艺队伍建设具有导向作用、提升作用。

新时代文艺工作的对象、方式、手段、机制出现了许多新情况、新特点，文艺创作生产的格局、人民群众的审美要求发生了很大变化，文艺作品传播方式和群众欣赏习惯发生了很大变化。民营文化工作室、民营文化经纪机构、网络文艺社群等新的文艺组织大量涌现，网络作家、签约作家、自由撰稿人、独立演员歌手等新的文艺群体十分活跃。我们必须通过深化改革、完善政策、健全体制，在项目申报、教育培训、展演展示、评比奖励等方面创造条件，在发展会员、职称评定等方面提供便利，扩大工作覆盖面，延伸联系手臂，做好团结、引导、服务工作，发挥好这些新的文艺组织和文艺群体的积极作用，使之成为繁荣社会主义文艺的有生力量。

～ 本章小结 ～

　　社会主义文艺是人民的文艺，必须坚持以人民为中心的创作导向，在深入生活、扎根人民中进行无愧于时代的文艺创造。要高度重视和充分发挥文艺和文艺工作者的重要作用，全面营造良好环境，努力造就一批有影响的各领域文艺领军人物，建设一支宏大的文艺人才队伍，为人民文化生活提供精神食粮，为新时代中国特色社会主义发展提供源源不断的文化力量。

【思考题】

　　1.为什么说实现中华民族伟大复兴，离不开社会主义文艺的繁荣发展？

　　2.在创作中如何更好体现社会主义文艺是人民的文艺？

　　3.如何理解把社会主义核心价值观贯穿文艺创作始终？

　　4.怎样营造有利于文艺创新的良好环境？

第六章

传承和弘扬中华优秀传统文化

习近平总书记指出："中华优秀传统文化是我们最深厚的文化软实力，也是中国特色社会主义植根的文化沃土。"发展中国特色社会主义文化，既包括弘扬革命文化和社会主义先进文化，又包括传承和弘扬中华优秀传统文化。在 5000 多年的历史长河中，中华民族创造的优秀传统文化源远流长、博大精深，增添了中国人民和中华民族内心深处的自信和自豪，是当代中国发展的突出优势。激活中华优秀传统文化内在的强大生命力，既需要薪火相传、代代守护，也需要与时俱进、推陈出新，实现创造性转化、创新性发展。

第一节 中华优秀传统文化是
中华民族的根与魂

文化是一个国家、一个民族的灵魂。中华文明是世界古代文明中唯一没有中断的文明，中华优秀传统文化是中华民族的文化根脉，其蕴含的思想观念、人文精神、道德规范，是我们中国人思想和精神的内核。

一、充分发掘中华优秀传统文化的丰富内涵

中华传统文化，是对中华民族历史上所创造的、具有鲜明民族特色的文化的总称。中华传统文化是中华民族漫长演化历程中汇集而成的，反映了中华民族的特质和风貌。

总体而言，中华传统文化源远流长，内容包蕴万千。从思想精神层面看，包含中华先民在生产生活中培育和形成的一系列思想观念和道德传统等；从制度文化层面看，包括用以维持传统社会运转的大量制度规范、行为规范；从文化艺术层面看，有诗词、歌赋、戏曲、小说、书画、雕塑、篆刻等；从科学技术层面看，有以"四大发明"为代表的古代科技创新成果；从民俗风俗层面看，包括传统节庆、历法、礼仪等；从语言文字层面看，56个民族创造了80多种语言，约30种文字；从器物载体层面看，包含各民族衣冠服饰、建筑、器皿等。

对待中华传统文化要有科学态度。中华传统文化精华与糟粕并存，有些在逐渐演变中失去了进步意义，有些无法适应新的社会历史环境和条件，还有一些在创造之初就有压制人性、反人道的消极因素，如君权族权夫权统摄下的等级观念、有悖人性的愚孝、摧残身心的陋俗等。

我们今天要传承和发展的是中华优秀传统文化，即蕴含于中华传统文化中的精华，也就是中华传统文化中那些有利于推动当代社会发展和进步、长期发挥正能量的文化。其内容包括中华民族和中

国人民在修齐治平、尊时守位、知常达变、开物成务、建功立业过程中培育和形成的基本思想理念、丰富的道德理念和规范以及多样而珍贵的人文精神。这些核心思想理念、中华传统美德、中华人文精神，是我们宝贵的精神财富，积淀着中华民族最深沉的精神追求，代表着中华民族独特的精神标识，是中华民族生生不息、发展壮大的丰厚滋养和中华儿女共有的精神家园，也是我们在世界文化激荡中站稳脚跟的根基。

中华优秀传统文化具有永不褪色的时代价值。比如，革故鼎新、与时俱进的思想，脚踏实地、实事求是的思想，惠民利民、安民富民的思想，道法自然、天人合一的思想等，都已经深入中华儿女的思想意识深处，可以为人们认识和改造世界提供有益启迪，可以为治国理政提供有益借鉴。比如，天下兴亡、匹夫有责的担当意识，精忠报国、振兴中华的爱国情怀，崇德向善、见贤思齐的社会风尚，孝悌忠信、礼义廉耻的荣辱观念，体现着评判是非曲直的价值标准，潜移默化地影响着中国人的行为方式。比如，求同存异、和而不同的处世方法，文以载道、以文化人的教化思想，形神兼备、情景交融的美学追求，俭约自守、中和泰和的生活理念等，是中国人民思想观念、风俗习惯、生活方式、情感样式的集中表达，滋养了独特丰富的文学艺术、科学技术、人文学术，至今仍然具有深刻影响。这些优秀传统文化有利于促进社会和谐、鼓励人们向上向善，需要我们倍加珍视，悉心保护、传承和发展，不断发扬光大。

二、准确把握中华优秀传统文化的精神特质

中华文明发祥于华夏大地，是由各族人民共同创造，并经由多

种文化源头融合演变而成，走过了发轫兴起、繁荣发展、近代衰落又逐渐复苏的历程，在数千年的发展中形成了独一无二的理念、智慧、气度和神韵。中华民族能够在顺境中从容淡定、在逆境中奋进崛起，从根本上说，就是因为中华优秀传统文化的持久涵养。习近平总书记强调，"中华优秀传统文化已经成为中华民族的基因，植根在中国人内心，潜移默化影响着中国人的思想方式和行为方式"，"如孝悌忠信、礼义廉耻、仁者爱人、与人为善、天人合一、道法自然、自强不息等，至今仍然深深影响着中国人的生活"，"中华文化崇尚和谐，中国'和'文化源远流长"，"中国人看待世界、看待社会、看待人生，有自己独特的价值体系"。这些优秀的文化基因，为中华民族生生不息、发展壮大提供了强大精神支撑，代复一代融入中华儿女的血液中，表现在风度气质和言谈举止上，成为中华民族有别于其他民族的精神特质。

总体而言，中华优秀传统文化主要呈现出以下特征。

中华优秀传统文化具有连续性。在世界古代文明中，中华文明是没有中断、延续发展至今的文明。中华大地相对独立的地理单元、历史久远且自给自足的生产生活体系、规范统一而又接续使用的中国文字、体量庞大的人口基数、不断演变成熟的大一统政治制度、独具特色的文化基因等，都促使中华文明具备了一种有别于世界上其他文明的稳定性，进而获得了文化上一以贯之的连续性。

中华优秀传统文化具有包容性。中华文化在起源和发展过程中，既融合了中原、楚越、北方草原、西域等境内众多地域文化的因素，也通过与世界各大文明广泛交流，吸收了大量外来文化因素，始终呈现"多元一体"的形态。比如，产生于古代印度的佛教传入中国后，同儒家、道家文化融合发展，最终形成了具有中国特色的佛教文化，给中国人的宗教信仰、哲学观念、文学艺术、礼仪习俗等留下了深刻影响。可以说，"开放包容"是中华文化长盛不衰的重要根源。

中华优秀传统文化具有和谐性。长期的农耕文明，培育了我们"天人合一"的和谐理念和人际关系。自古及今，我们总是以和谐的眼光看待宇宙万物，以和谐的伦理精神为人处世，以和谐的情感与心灵体验世间美好事物，形成了以和谐为特征的认识论和方法论。"天下大同""和而不同"构成了中国人认知、看待世界的基本方法，既是人生的哲理，又是生活的智慧。

凭借这样的连续性、包容性、和谐性，中华优秀传统文化不仅对中国发展产生了深刻影响，对人类文明进步作出过重要贡献，而且对解决当代人类问题特别是处理好个人与社会的关系、人与自然的关系、道德与生命的关系也具有重要价值。

第二节　推动中华优秀传统文化创造性转化、创新性发展

中华优秀传统文化历经世代传承积淀，又在不断推陈出新中赓续绵延，需要我们把跨越时空、超越国度、富有永恒魅力、具有当代价值的文化精神弘扬起来，把继承优秀传统文化又弘扬时代精神、立足本国又面向世界的当代中国文化创新成果传播出去。

一、准确理解"创造性转化、创新性发展"的内涵

中华优秀传统文化既需要传承和弘扬，更需要与时俱进、创新

发展。这是中华优秀传统文化始终保持旺盛生机和活力的内在要求。如何将传承和弘扬同与时俱进、创新发展紧密结合起来，相互促进、相得益彰，这就是"创造性转化、创新性发展"所要解决的时代课题。

"创造性转化"所要解决的是如何使中华优秀传统文化的旧有形式和内容表现新的时代风貌的问题。也就是说，"创造性转化"是要按照时代特点和要求，对那些至今仍有借鉴价值的内涵和陈旧的表现形式加以改造，赋予其新的时代内涵和现代表达形式，激活其生命力。而"创新性发展"所要解决的是如何使中华优秀传统文化突破旧有形式和内容的局限，在新的时代里实现凤凰涅槃、浴火重生的问题。也就是说，"创新性发展"是要按照时代的新进步新进展，对中华优秀传统文化的内涵加以补充、拓展、完善，增强其影响力和感召力。这里特别需要说明的是，"创造性转化、创新性发展"在很多情况下难以截然分开。在更多的生产生活场景中，"创造性转化"与"创新性发展"是彼此渗透、相互交融、相得益彰的。

"创造性转化、创新性发展"的提出，标志着我们党在新的历史条件下对文化发展的认识达到一个新高度，与党的文化工作方针一脉相承。党的十九大报告提出，要"推动中华优秀传统文化创造性转化、创新性发展"。习近平总书记在 2018 年召开的全国宣传思想工作会议上再次强调这一要求。中共中央办公厅、国务院办公厅《关于实施中华优秀传统文化传承发展工程的意见》把"创造性转化、创新性发展"写入指导思想，作为必须遵循的方针。"创造性转化、创新性发展"方针与我们党倡导的"古为今用、推陈出新""取其精华、去其糟粕"等一脉相承、一以贯之，同时又结合新的时代要求作出了新的理论概括。"两创"方针与"为人民服务、为社会主义服务"的"二为"方向和"百花齐放、百家争鸣"的"双百"方针各有侧重、相辅相成,构成了一个有机整体。其中,"二为"方向深刻回答了文化发展的目标方向问题,"双百""两创"方针深刻回答了文化发展的路径方法问题,三者都是管根本、管长远的,集中体现了我们党对社会主义文化建设规律认识的不断深化。

"创造性转化、创新性发展"的提出,深刻揭示了文化发展的客观规律,是时代进步的客观要求。纵观人类文化发展的历史,任何一个民族现有的文化都不是凭空产生的,都是在不断积累和创造中发展进步的,都是优秀传统文化的传承延续和丰厚积淀。中华优秀传统文化要想更好延续、获得新生,就必须不断顺应社会发展,适应深刻变化的时代和日新月异的中国,吸收人类优秀文明成果,跟上世界发展潮流,才能获得持久的生命力。改革开放至今,新的时代环境对挖掘中华优秀传统文化的价值内涵、进一步激发其生机与活力提出了全新要求,迫切需要开展创造性转化和创新性发展,为建设社会主义现代化国家、实现中华民族伟大复兴的中国梦提供有力文化支撑。

人类文明的不断进步,期待中华优秀传统文化在创造性转化、创新性发展中贡献智慧。长期以来,中华优秀传统文化正是以与生俱来的民族特色屹立于世界文化之林,其中蕴藏着解决当代现实难题的重要启示,对解决人类问题具有重要价值。比如,习近平总书记基于中华文明崇尚的"以和邦国""亲仁善邻""天下一家"等思想,结合当今国际社会特点创造性地提出了"人类命运共同体"思想,"构建人类命运共同体"理念被写入联合国决议。我国长期奉行的"和平共处五项原则"也是基于"和而不同""以和为贵"等传统思想而提出的,成为广受认同的国际关系理念。实践表明,越是民族的，越是世界的。中国作为一个文明大国，也理应有高度的担当意识，为全球治理贡献更多中国智慧、提供更多中国方案，这就要求我们更好地推动中华优秀传统文化的创造性转化与创新性发展。

《弘扬和平共处五项原则　建设合作共赢美好世界——在和平共处五项原则发表60周年纪念大会上的讲话》

"创造性转化、创新性发展"的提出，为建设中国特色社会主义文化指明了重要路径。中国特色社会主义文化，源自中华民族5000多年文明历史所孕育的中华优秀传统文化，熔铸于党领导人民在革命、建设、改革中创造的革命文化和社会主义先进文化，植根于中国特色社会主义伟大实践。习近平总书记指出，中华优秀传统文化"代表着中华民族独特的精神标识"，"是我们最深厚的文化软实力"，"是中华民族的突出优势"。这种突出优势的一个集中表现，就是中华优秀传统文化能够与现代化建设协力共进，并逐步通过创造性转化和创新性发展，成为中国特色社会主义文化的有机组成部分。在新时代，我们要将"创造性转化、创新性发展"作为推动中华优秀传统文化现代转型的基本准则和必由之路，传承其中的优秀成分，并在此基础上不断发扬光大。

二、正确把握"创造性转化、创新性发展"的实践要求

对中华优秀传统文化进行研究梳理，是实现"创造性转化、创新性发展"的重要基础，党员干部应高度重视，注意从中华优秀传统文化中萃取精髓精华，使之服务于新时代中国特色社会主义建设。

"创造性转化、创新性发展"要求落实到实际工作中，要注意

2018 年 6 月 15 日，重庆渝北区龙兴古镇举行"我们的节日·端午"传统文化展演　　　　　　　　　　　　　　　　　（新华社记者　唐奕／摄）

从思想精神内涵、表现载体形式两个层面加以把握。

在思想精神内涵层面，需要重点把握好两个方面。一方面，努力焕发中华优秀传统文化在新时代的新生机。通过不断补充、拓展、完善，把中华优秀传统文化中跨越时空的思想理念、价值标准、审美风范转化为现代人的精神追求和行为习惯，使中华民族最基本的文化基因与当代文化相适应、与现代社会相协调。比如，中华优秀传统文化中蕴藏的爱国、诚信、和谐等道德教化资源，通过合乎时代精神的转化运用，成为涵养社会主义核心价值观、涵育美德善行的重要源泉，对形成向上向善的社会风尚起到了助推作用。随着"我们的节日"主题活动的深入开展，近年来春节、元宵节、清明节、端午节、中秋节、重阳节等传统节日文化融入了当今生产生活场景和经济社会发展，不仅进一步丰富了节日内涵，而且形成了新的节日习俗。另一方面，吸收借鉴和融通国外优秀文明成果。当今世界是开放的世界，当今中国是开放的中国，中外文化交流以前所未有的广度和深度展开。必须进一步加强中外人文交流，以我为主、兼收并蓄，广泛借鉴吸收各国各民族思想文化中的有益成分，为中华优秀传统文化创新发展注入新的活力。

在表现载体形式层面，也需要把握好两个方面。一方面，借助现代表达，对中华优秀传统文化进行生动阐释和普及。高度重视网络传播等各种现代表达方式，综合运用报纸、书刊、电台、电视台、新媒体等各类载体和现代科技手段，融通多媒体资源，充分彰显出传统文化的独特魅力。比如，一批博物馆推出移动客户端、掌上应用 APP，利用 VR、AR 技术实现了馆藏文物资源三维可视化展示，丰富了观众体验，有效激发出大众的关注度与参与热情。《舌尖上的中国》《经典咏流传》等文化类节目、栏目通过新颖的视听语言、创新的解读方法、易于传播的年轻化表达，成功广泛"圈粉"。近年来，越来越多承接传统习俗、符合现代文明要求的社会礼仪、文明用语规范出现在街头、商场等公共场所，助推形成良好的言行举止和礼让宽容的社会风尚。随着实践的发展进步，"创造性转化、创新性发展"还可以与节日庆典、旅游休闲、饮食医药、民风民俗等更多资源相衔接相融通，使中华优秀传统文化真正在当下"活"起来、火起来。

另一方面，汲取素材和灵感，用中华优秀传统文化滋养全新的文化创造。从中华文化资源宝库中提炼题材、获取灵感、汲取养分，把中华优秀传统文化的有益思想、艺术价值与时代特点和要求相结合，运用丰富多样的艺术形式，通过新视角和引人入胜的故事手法，以小见大地展示民族文化的气质养成和魅力。比如，越来越多的设计师和设计机构开始关注传统民族服饰元素，展现中华民族独特文化魅力的服装服饰逐步兴起。"锦绣中华——中国非物质文化遗产服饰秀"系列活动已连续两年在北京恭王府精彩上演，成功实现了古典与现代美学的时空融合。很多传统国画元素融入现代视觉设计中，展现出新的艺术活力。《水浒传》《三国演义》《西游记》《红楼梦》等古典名著一直就是文艺创作生产中经久不衰的源泉，形成了众多衍生作品。不少城市将传统建筑文化纳入城镇化建设、城市规划设计中，提炼出凸显本地文化特色的经典性元素和标志性符号并应用于城市雕塑、广场园林等公共空间，鼓励建设具有传统建筑美学的新中式建筑，对避免千城一面起到了一定促进作用。全国文化文物单位竞相开发文创产品，深受消费者喜爱。

激发中华优秀传统文化的时代活力是一项长期工程，需要持之以恒、久久为功。今后，中华优秀传统文化还将以更为创新的方式，广泛而深入地融入国民教育、融入道德建设、融入文化创造、融入日常生产生活，逐渐形成人人了解、人人保护、人人弘扬中华优秀传统文化的生动局面。

三、妥善处理"创造性转化、创新性发展"中的重大关系

"创造性转化、创新性发展"是我们正确对待中华优秀传统文化的"总开关"，也是新形势下处理"守"和"变"关系的科学指南。这一过程中，关键是要处理好以下重大关系。

要处理好"古"与"今"的关系。习近平总书记强调："要以时代精神激活中华优秀传统文化的生命力，推进中华优秀传统文化

创造性转化和创新性发展。"创造性转化、创新性发展，需要经历一个取其精华、弃其糟粕的扬弃过程，需要始终突出实践标准，主要看能不能解决今天中国的问题和需求，能不能回应时代的课题和挑战，能不能转化为国家富强、民族振兴、人民幸福的有益精神财富。要通过扬弃继承、转化创新，使中华优秀传统文化成为有利于解决现实问题的文化，有利于助推社会发展的文化，有利于培育时代精神和时代新人的文化。

要处理好"中"和"外"的关系。习近平总书记指出："阳光有七种颜色，世界也是多彩的。"每种文化都有自己的本色、长处、优点，都有值得学习借鉴的地方。中华优秀传统文化本身就是在与其他国家、其他民族文化的交流互鉴中不断发展和丰富的。无论是张骞出塞、玄奘西行，还是儒、释、道的融合，都彰显了中华优秀传统文化海纳百川、有容乃大的精神气度。近代以来，伴随民族兴衰和国运沉浮，文化上"中"和"外"的关系变得更为复杂。当前，我国综合国力日益增强、国际地位日益提高，面对国际社会对创造"中国奇迹"的中华文化与日俱增的浓厚兴趣，更加需要我们秉持不盲目排外、也不简单拿来的理性态度，既立足本土、不忘本来，始终保持对自身文化的自信、耐力、定力，又面向世界、择善而从，为中华优秀传统文化的创造性转化、创新性发展持续注入崭新活力，坚决反对唯洋是举的全盘西化论、故步自封的中国文化优越论等错误倾向。

要处理好马克思主义和中华优秀传统文化的关系。中国共产党是马克思主义的忠实信仰者、实践者，也是中华优秀传统文化的忠实传承者和弘扬者。马克思主义与中华优秀传统文化不是非此即彼、截然对立的关系。中华优秀传统文化中蕴含着朴素唯物主义、朴素辩证法、朴素进步历史观、"家国天下"意识、大同世界追求等，与马克思主义的唯物辩证法、人民主体立场、解放全人类的情怀、共产主义理想等存在许多契合与融通之处，为马克思主义在中国落地生根提供了适宜的文化土壤和历史文化基因。中国共产党把马克思主义基本原理同中国基本国情相结合，成功地走出了一条马克思主义中国化道路。马克思主义既在吸纳中华优秀传统文化精髓中得到创新发展，也以新的科学元素进一步激活了中华优秀传统文化的基因。进入新时代，必须坚定不移地坚持马克思主义的辩证唯物主义和历史唯物主义基本立场，推动中华优秀传统文化继往开来，服务于以文化人的时代任务。

[案　例]

故宫文创产品拉近故宫和普通民众距离

故宫文物藏品品类丰富，共计 180 万余件（套）。近年来，故宫博物院致力于收藏、保护、展示、研究与传统文化相关的文物藏品，深挖明清皇家文化元素，逐步加大文创产品研发力度。因其独特的文化内涵和新颖的设计，故宫文创产品多次被选为国礼赠送外国元首及国际友人。同时，故宫博物院还开设文创产品专卖店、专卖柜台，在电商平台上开通文创旗舰店等，积极参加国内外相关展会和文创产品评比，带动故宫文化逐渐成为热门大"IP"，品牌影响力不断扩大。

第三节　加强文化遗产保护传承

文化遗产是指人类创造并遗留、流传下来的具有历史、艺术和科学价值的文化财富，包括物质文化遗产、非物质文化遗产两大类。物质文化遗产是指具有历史、艺术和科学价值的文物。非物质文化遗产是指人们世代相传的各种传统文化表现形式，以及与其相关的实物和场所。物质文化遗产是不可再生的实物遗产，非物质文化遗产则是依托于人而存在的活态遗产，其特点是活态流变。

在几千年历史进程中，中华民族创造了丰富多彩、弥足珍贵的文化遗产。党的十八大以来，文化遗产工作取得重要进展，保护利用传承发展水平不断提高，全社会保护意识明显增强，安全保障程度得到有效提升，合理利用稳步推进。党的十九大报告进一步明确提出，加强文物保护利用和文化遗产保护传承。

一、深刻认识文化遗产的重要意义和作用

文物包括古遗址、古墓葬、古建筑、石窟、石刻、壁画、近代现代重要史迹和代表性建筑等不可移动文物，以及历史上各时代的重要实物、艺术品、文献、手稿、图书资料等可移动文物。根据第三次全国文物普查和第一次全国可移动文物普查结果，我国共登记不可移动文物近 76.7 万处、国有可移动文物约 1.08 亿件（套）。国家、省、市县三级保护名录体系建立起来，国务院公布了七批全国重点文物保护单位共 4296 家。全国古籍普查登记数据总量 232 万

多条、12500 函。非物质文化遗产包括传统口头文学以及作为其载体的语言，传统美术、书法、音乐、舞蹈、戏剧、曲艺和杂技，传统技艺、医药和历法，传统礼仪、节庆等民俗，传统体育和游艺等。根据第一次全国非物质文化遗产普查结果，全国非物质文化遗产资源总量近 87 万项。

这些文化遗产是我们祖先智慧的结晶，承载着灿烂文明，传承着历史文化，维系着民族精神，是中华民族的宝贵文化资源和精神标识，也是人类文明的瑰宝。作为中华先民自然和社会活动的历史遗存，这些文化遗产无论是精神的还是物质的，都从不同侧面和领域揭示出特定的历史现象，体现出古代人民的生产生活水平、认知水平、思想道德水平和审美水平，其价值是永恒的。

保护好、传承好、利用好文化遗产，对于培育巩固发展文化自信、维护文化多样性和创造性、提高国家文化软实力和中华文化国际影响力具有重大意义。截至 2018 年 12 月，我国共有大运河、丝绸之路等 53 个项目被列入联合国教科文组织世界遗产名录，位列世界第二，是拥有世界物质文化遗产类别最齐全的国家之一；藏医药浴法、珠算、二十四节气、中医针灸等 40 个非物质文化遗产项目被列入联合国教科文组织非物质文化遗产名录，居世界第一。文化遗产已当之无愧地成为国家的"金色名片"。

二、加强文物保护利用

保护文物功在当代、利在千秋。应当让人们通过文物承载的历史信息，记得起历史沧桑，看得见岁月留痕，留得住文化根脉。

"保护为主、抢救第一、合理利用、加强管理"是文物工作的基本方针。近年来，通过贯彻这一方针，全社会保护文物的意识进一步增强，考古发掘不断取得重大发现，文物保护基础工作不断夯实，文物保护由抢救性保护为主向抢救性与预防性保护并重转变、由文物本体保护为主向文物本体与周边环境保护并重转变。

重点工程项目是加强不可移动文物、可移动文物保护利用的有力抓手。布达拉宫维修工程等一大批文物保护利用重点工程项目深入实施，取得了积极成果。长城保护工程的实施加强了长城保护、规范了长城利用行为。中华文明探源工程证实中华文明 5000 年历史绝非虚言。大运河文化带保护利用、大遗址保护也进一步加强。三峡工程、南水北调等国家重大建设项目中的文物抢救保护工程及地震后文物抢救保护项目持续开展。可移动文物修复和博物馆藏品预防性保护项目 2013 年至 2017 年修复文物 4 万余件。考古发掘保护项目取得重大发现。同时，长征文物保护、抗战文物保护修缮和展示利用等革命文物保护利用工作扎实推进，革命文物教育功能不断强化。

文物安全是文物工作者的底线和红线。面对繁重的文物保护任务和严峻的文物安全形势，相关部门深入落实文物安全责任制，开展了全国文物安全状况大排查和专项整治行动，成立国家文物局文物违法举报中心，文物违法犯罪打击力度也持续加大。

保护和整理古籍是重要的文物抢救工作。浩瀚古籍是嬗递中华文化传统、保存历史精神财富的重要媒介。现在常见的古籍主要指书写印制于 1912 年以前、具有中国古典装帧形式的书籍，包括汉文和少数民族文字古籍。随着中华古籍保护计划的有力实施，近年来，古籍累计修复数量已超过 270 万叶。

合理适度利用是充分发挥文物的历史、艺术、科学价值的主要途径。任何形式的文物，只有在现代社会重新找到自己的功能定

让文物"活"起来：2016 年 6 月 11 日，观众在西藏博物馆"西藏自治区可移动文物普查成果展"上参观 　　　（新华社记者　普布扎西 / 摄）

位，才能真正发挥其价值。这就需要以确保文物安全为前提，将文物利用控制在文物资源可承载的范围内，努力让收藏在禁宫里的文物、陈列在大地上的遗产、书写在古籍里的文字都"活"起来。在这方面，社会各界积极响应，作出了很多探索。文化文物单位大力开展文化创意产品开发，取得了良好的社会效益。《国家宝藏》《如果国宝会说话》等电视节目创新形式，使珍贵的文化遗产以邻家朋友的姿态、平和近人的风格走到公众身边。总体来看，推进文物合理适度利用已日渐成为社会共识。

同时也必须看到，我国是文明古国、文物大国，并且正处在城镇化快速发展的历史进程中，文物保护工作依然任重道远。这就要求加强文物保护利用改革，把确保文物安全放在首要位置，在保护中发展，在发展中保护，努力走出一条符合国情的文物保护利用之路。

三、提升非物质文化遗产保护水平和传承能力

近年来，非物质文化遗产工作以保护传承的实践、能力、环境为着力点，逐步确立了"见人见物见生活"的工作理念，不断提升工作水平。

管理制度的完善是非物质文化遗产保护传承的基础。代表性项目、代表性传承人、文化生态保护区等制度逐步建立。截至 2018 年 5 月，国务院公布了四批 1372 个国家级非物质文化遗产代表性项目，有关部门认定了五批国家级非物质文化遗产代表性项目代表性传承人，国家、省、市、县四级非物质文化遗产保护名录体系已建立起来。

增强传承活力是非物质文化遗产保护传承的一个重要目标。补助代表性传承人传习活动，提高了传承人积极性。实施中国非物质文化遗产传承人群研修研习培训计划，增强传承后劲，扩大传承队伍。对急需保护的非物质文化遗产项目和传承人进行抢救性保护，对非物质文化遗产及其孕育发展的环境进行整体性保护，实施戏曲振兴工程等系列工程，有力推动了非物质文化遗产活起来、传下去。

同时还要看到，由于自然和社会环境快速变化、人民群众精神文化需求日益多元多样，一些非物质文化遗产找不到与现代生活的结合点，有的习俗失去传承发展空间，有的传统技艺后继乏人。这些因素对协调推进非物质文化遗产工作与经济社会发展提出更高要求。

当前和今后一个时期，要以保护传承的能力建设为着力点，进一步探索非物质文化遗产各门类的保护传承和振兴措施，健全非物质文化遗产分类保护政策体系。要保护传承环境，促进非物质文化遗产保护与经济社会协调发展。

四、加大历史文化名城（街区、村镇）和传统村落保护力度

国家历史文化名城是指经国务院批准公布的保存文物特别丰富并且具有重大历史价值或者革命意义的城市（县）。截至 2018 年 12 月，我国共有国家级历史文化名城 134 座，中国历史文化名镇 252 个，中国历史文化名村 276 个，全国共划定历史文化街区 875 片，确定历史建筑 2.47 万处。

当前，相关保护工作逐步迈入构建保护、传承、发展体系的新阶段，保护机制不断完善，区域性历史风貌得到进一步保护，入选名录的名城名镇名村按照相关规划要求努力保持传统风貌和地域特色。其中，传统民居是民族的生存智慧、建造技艺和社会伦理等文明成果最丰富、最集中的表现，国家已建立起传统建筑挂牌保护制度，带动了一批建筑师、艺术家参与乡村建设；传统村落及其保护近年来引起各方面高度重视，生产生活条件得到明显改善，有的已成为美丽宜居典范。

不容忽视的是，一些古建筑、古遗址的安全工作仍然任务较重，传统村落也面临自然衰败现象严重等挑战。今后，还需不断强化历史文化名城、名镇、名村、街区和传统村落整体格局、历史风貌的保护，进一步提升保护水平。在建设特色小镇过程中，需着力避免大拆大建式的简单"造镇运动"，防止出现盲目开展过度包装或人为制造特色的错误倾向，而应牢固树立保护当地文化遗产的自觉意识，充分挖掘、整理、记录地域传统文化，保护好、利用好当地历史文化遗存，传承发展非物质文化遗产，使优秀传统文化在当地经济发展和社会管理中得到充分彰显和弘扬，形成与特色产业融合发

展的独特文化标识，推动居民思想道德和文化素质不断提高。

本章小结

　　中华优秀传统文化是中华民族的精神命脉，是涵养社会主义核心价值观的重要源泉，是提升国家文化软实力的重要依托，对促进人类文明进步具有重要作用。新的时代条件下，要以客观、科学、礼敬的态度推动中华优秀传统文化创造性转化、创新性发展。要着力加强物质文化遗产保护利用和非物质文化遗产传承发展，促进中华优秀传统文化更加深入人心，实现与当代文化相适应、与现代社会相协调。

【思考题】

　　1.如何正确理解中华优秀传统文化是中华民族的根与魂？

　　2.如何更好推动中华优秀传统文化的创造性转化、创新性发展？

　　3.结合习近平总书记关于文物保护利用的有关重要论述，谈谈如何走出一条符合国情的文物保护利用之路。

　　4.近几年，非物质文化遗产传承发展成为社会热点，而一些项目缺乏活力、传承能力不足、后继乏人的问题也引起更多关注，请结合非物质文化遗产工作理念，谈谈如何有效解决这一问题。

第七章
推动文化事业和文化产业发展

发展文化事业和文化产业，是推动文化繁荣兴盛、满足人民精神文化需求的重要方面。党的十九大报告指出："要深化文化体制改革，完善文化管理体制，加快构建把社会效益放在首位、社会效益和经济效益相统一的体制机制。"这就要求完善公共文化服务体系，深入实施文化惠民工程，丰富群众性文化活动，健全现代文化产业体系和市场体系，创新生产经营机制，完善文化经济政策，培育新型文化业态。

第一节　用丰富精神食粮满足人民
美好生活新期待

随着生产力水平的提高和物质财富的丰富，人民群众对文化生活提出了更高要求。习近平总书记指出，要推动文化事业全面繁荣、文化产业快速发展，不断丰富人民精神世界、增强人民精神力量，不断增强文化整体实力和竞争力。这就要求更加注重文化发展的全面性、协调性和可持续性，把改善民生落实到文化建设中，着力提供更好更多的文化产品和服务。

一、准确理解文化事业与文化产业

文化事业也称公益性文化事业。它以非营利为目的，为全社会提供非竞争性、非排他性的公共文化产品和服务，既包括广电网络、图书馆、博物馆、文化馆等公共设施，也涵盖公益性的文化艺术产品、群众文化活动等。文化事业提供标准性、普惠性、公共性的文化产品和服务，主要通过公共文化服务体系来实现，由政府承担主要责任，主要是"保基本""保均等"。"保基本"，就是保障人民群众基本的文化权益，现阶段主要是看电视、听广播、读书看报、公共文化鉴赏、公共文化活动等；"保均等"，就是保证人人均等地享有基本公共文化服务，其核心是促进机会均等，而不是绝对相等或简单平均化。

文化产业是从事文化产品生产和提供文化服务的经营性行业。根据国家统计局发布的《文化及相关产业分类（2018）》，文化及相关产业是为社会公众提供文化产品和文化相关产品的生产活动的集合。文化产业提供个性化、消费性的文化产品和服务，主要通过文化市场来实现。

文化事业、文化产业如同丰富人民群众精神文化生活的"两翼"，缺一不可。文化事业着眼于保障人民群众基本文化权益，坚持政府主导，具有较强的公益性、均等性；文化产业着眼于满足人民群众多方面、多层次、多样化精神文化需求，强调市场导向，具有较强的市场属性。文化事业能够带动文化产业的兴盛，文化产业也能够补益文化事业的发展，二者相互补充、相互支撑。

二、提供高品质多样化文化产品和服务

"文化权利"是人人应当享有的基本权利。中国特色社会主义进入新时代后，我国社会主要矛盾由人民日益增长的物质文化需要同落后的社会生产之间的矛盾，转化为人民日益增长的美好生活需要和不平衡不充分的发展之间的矛盾。新时代的美好生活是人民对经济、政治、文化、社会、生态等方面综合要求的反映，不但涉及物质生活、社会生活，更包括精神生活。相较于过去，我国的文化供给能力和水平实现了大幅提升，供给渠道的丰富、大众文化的普及使人民群众精神文化需求得到基本满足。近年来，无论是节假日各地频现的博物馆热，还是不断涌现的知识付费、网络视频等新兴文化消费热点，都彰显出精神文化需求的普遍升温。随着经济社会的快速发展、居民收入的增加、高新科技的应用，人们的文化品位、鉴赏水平、消费能力不断提升，群众精神文化需求正在朝着高品质多样化方向转变。

现阶段，从供给上看，我国文化产品和服务供给总体上仍然精品少、层次低，城乡间、区域间供给水平还有不小的差别，单一化、同质化的问题依然存在，难以满足人民日益增长的精神文化生活需求。从需求上看，随着生活水平不断迈上新台阶，人们期待更加好看的电影、电视剧、图书、演出、展览，更加追求讲道德、尊道德、守道德的生活，更加期盼国民素质和社会文明程度的提高。从消费上看，我国目前文化消费规模与发达国家相比还有相当的差

"千里江山——历代青绿山水画特展"现场人头攒动

(新华社记者　沈伯韩／摄)

距，文化产品的有效供给还有很大潜力。

满足人民过上美好生活的新期待，必须提供丰富的精神食粮。当前和今后一个时期，要加快构建现代公共文化服务体系，丰富群众性文化活动，提高标准化均等化水平，同时充分激发市场活力和社会创新创造能力，推动文化产业快速发展，引导文化企业等主体大力提供优质文化产品和服务，满足广大人民群众新时代的精神文化需求。

第二节　加快完善公共文化服务体系

更好地行使公共文化服务职能，是适应政府职能转变要求的必要之举。经过多年努力，我国公共文化服务逐步实现由封闭型向开放型转变、由接受型向参与型转变、由国家包办向政府主导下的社会力量共同参与转变，现代公共文化服务体系建设已成为我国建设服务型政府、实现国家治理体系和治理能力现代化的重要内容，取得显著成绩。进入新时代，我国公共文化服务的主要矛盾，突出表现在人民日益增长的精神文化需要和不平衡不充分的发展之间的矛盾。要坚持政府主导、社会参与、重心下移、共建共享，加快构建覆盖城乡、便捷高效、保基本、促公平的现代公共文化服务体系，提高基本公共文化服务的覆盖面和适用性。

一、建设覆盖城乡的公共文化服务设施网络

设施网络体系是公共文化服务体系发挥作用的基础条件和基本载体。借助于"体系"造就的网络，百姓家门口就有公共文化活动场所，人们得以就近、快捷、方便地享有基本公共文化服务。

随着文化建设投入的增加，公共文化服务设施建设取得重大进展。近年来，国家图书馆新馆、国家博物馆等一批高水平的大型公共文化设施建设有力推进，省、市层面新建、改扩建公共文化设施的步伐显著加快，县级文化馆图书馆博物馆、乡镇综合文化站、村（社区）文化活动室（文化活动中心）、基层综合性文化服务中心等城乡基层公共文化设施网络建设取得积极进展，覆盖城乡的国家、省、市、县、乡、村（社区）六级公共文化服务设施体系框架初步形成。截至 2017 年底，全国共建成县级以上公共图书馆 3166 个，博物馆 4721 个，美术馆 499 个，乡镇（街道）综合文化站 33997 个，约 29 万个行政村、4 万多个社区建成基层综合性文化服务中心，

开设广播电视播出机构 2656 个，直播卫星户户通用户总数达 1.29 亿户，全国广播、电视综合人口覆盖率分别达 98.71%、99.07%。与此同时，在全国实施的一批重大公共文化工程也取得了长足进步，助推设施网络的效用得到进一步发挥。其中，全国文化信息资源共享工程自 2002 年开始实施，将优秀文化信息资源进行数字化加工与整合，依托各级公共文化设施，通过互联网、广播电视网、无线通信网等传播载体，在全国范围内实现共建共享，现已建起六级数字文化服务网络，在全国设立了 3 万多个乡镇基层服务点，70 万个村、社区基层服务点。

尽管公共文化设施已基本实现按行政层级"全设置"，但结构性矛盾依然存在，特别是城乡结合部、贫困地区、少数民族地区、边疆地区在公共文化服务设施网络建设上还存在一些薄弱环节和难点。这就要求进一步加强和完善公共文化服务设施网络建设，重点向基层倾斜，并坚持设施建设和运行管理并重，提高服务水平。同时，加强城市公园、广场等的管理和使用，鼓励党政机关、国有企事业单位和学校文体设施向社会开放。

二、加大公共文化产品和服务供给力度

着眼于增强工作合力，很多地方在建立协调机制、统筹整合公共文化服务设施和资源方面进行了探索，国家层面也成立了国家公共文化服务体系建设协调组，为公共文化供给标准化、均等化提供了重要保障。

标准化是均等化的基础前提和衡量准则，有利于解决群众文化需求的无限性和政府责任与公共财政支撑能力的有限性之间的矛盾。

为推进标准化工作，有关部门研究提出了《国家基本公共文化服务指导标准（2015—2020 年)》，各省（区、市）和新疆生产建设兵团也都制定了本地实施标准，明确了政府保障基本公共文化服务的底线。

2017 年 12 月 28 日，天津河北梆子剧院演员深入天津市静海区小中旺村开展"农民点戏 戏进农家"露天演出 （新华社记者 岳月伟／摄）

　　均等化是公共文化服务最显著的特点。全体公民都应获得与经济社会发展水平相适应、大致均等的基本文化服务。当前，基本公共文化服务不平衡、不均等的现象主要体现在城乡、东西部以及不同群体之间。为此，在城乡间，我国通过建立健全公共文化服务城乡资源统筹整合机制、城乡联动机制，统筹资源配置；在区域间，通过实施综合性文化服务中心建设、边疆万里数字文化长廊建设、文化志愿者边疆行等工程项目，推动老少边贫地区公共文化建设；在群体间，将未成年人、老年人、进城务工人员、农村留守妇女儿童、经济困难群众等作为重点对象，推动公共文化资源向这些特殊群体倾斜。

此外，公共图书馆、博物馆、文化馆、纪念馆、美术馆等公共文化机构免费开放工作持续推进。以此为基础，行业博物馆、科技馆、工人文化宫、妇女儿童活动中心等场所也在积极推进免费开放工作。2017年全国公共图书馆、博物馆、群众文化机构服务群众总人次较2012年分别增长71%、72%、45%，参与度大幅提升。

标准化、均等化的有力推进，促使优质公共文化产品和服务的供给日益丰富。全民阅读活动在全国遍地开花，数百个城市常设读书节、读书月活动，"书香中国"系列活动不断掀起高潮。全国公共图书馆、博物馆馆藏总量持续增长，由文化馆、文化站指导的群众业余文艺团队达40多万个，"文化下乡"、高雅艺术进校园进社区进农村等活动将"送文化"与"种文化"有效结合起来，新闻出版、广播电视、电影公共服务提质增效等工程及流动文化服务，打通了偏远地区公共文化服务的"最后一公里"。

现阶段我国公共文化服务标准化、均等化水平仍需提高。县级以下基层公共文化体育资源仍比较匮乏，中西部同东部地区的差距依然较大，针对残疾人、边疆民族地区群众的公共文化体育资源仍相对偏少。这就要求各地在"保基本"上下更大的功夫，立足群众需求、财政能力和文化特色，把公共文化建设与城镇化、精准脱贫、乡村振兴有机结合，并促使公共文化服务成为培育和促进文化消费的重要推手，带动公共文化产品和服务的供给力度不断加大，让人民基本文化权益得到有力保障。

三、提升公共文化服务效能

衡量公共文化服务的效能，一方面要看公共文化服务设施设备是否得到充分有效利用，另一方面要看提供的产品与服务是否满足人民群众的需求。当前，我国公共文化产品和服务质量不高的问题仍然存在，一些公益性文化单位活力不足、效率不高，不少地方还有"重设施建设，轻管理使用"的问题，一些设施闲置，公共资源没有实现最大社会效益。

为改观这一局面，近年来各地积极开展公共文化服务理念和模式创新，努力由"政府端菜"向"百姓点菜"转变，"广电＋"行动计划、图书馆文化馆总分馆制、"公共文化物联网"、图书馆"彩云服务"等探索提高了供需匹配度，部分城市实行的"文化超市""文化惠民卡"等举措增强了群众自主选择权。

要促进公共文化服务社会化发展。公共文化服务由政府主导，不等于由政府"包办"，政府不是唯一的提供主体。这就要求我们通过政策引导、法治保障等多种手段，充分调动社会力量参与公共文化服务体系建设的积极性，不断完善多元互动供给格局。近年来，政府购买公共文化服务逐渐常态化，地方政府以市场机制和手段配置公共文化资源和服务，弥补了公共文化产品和服务种类的不足，避免了政府"自办"文化而产生的诸多弊端。不少地方还通过优惠政策吸引社会力量兴建公共文化设施，积极推进公共文化机构法人治理结构改革，吸纳有关方面代表、专业人士、各界群众参与公共文化机构管理，试点探索公共文化机构社会化运营，引导文化志愿服务，社会力量的参与渠道正在不断扩大，政府主导、社会力量广泛参与的局面已逐步形成。

要推进公共文化服务数字化发展。数字化方式和手段对于公共文化服务的质量和效能具有直接影响。当前，数字技术及各种科技手段深刻改变了文化生产方式、传播方式和消费方式，但公共文化服务领域的相关应用仍显不够，一定程度上影响了公共文化服务的覆盖面和效能。必须推进公共文化服务数字化发展，打破单一性行业边界，加强资源整合统筹规划，搭建起互联互通的公共数字化服务平台，建设统一的公共文化服务数字网络，顺应移动化传播趋势，形成线上线下有机结合的服务模式，切实增强基本公共文化服务供给的精准度和有效性。

提高公共文化服务效能并非一朝一夕之功。今后，仍需创新公共文化服务管理运行机制，完善服务评价机制，健全考核评价体系，通过政府采购、项目补贴、定向资助、贷款贴息、税收减免等方式调动社会力量积极性，用好互联网等技术手段，不断提升公共文化服务效能。

[案　例]

"文化上海云"公共文化服务平台

"文化上海云"是于2016年上线的一站式公共文化服务数字平台。它集合了上海全市的公共文化活动信息，连通着市、区（县）、街道（乡镇）三级的780多家文化馆、图书馆、展览馆、美术馆、文化服务中心。市民通过手机APP、网站、微信公众号等渠道，以热点推荐、兴趣分类、附近搜索等项目形式，便可快速查询感兴趣的公共文化活动，然后通过发送到手机上的短信或二维码完成预约。市民自建文化团体的活动只要通过"文化上海云"网上登记审核，即可实现免费预订、使用全市公共文化场馆的场地设施。

第三节　促进文化产业转型升级、提质增效

文化产业是市场经济条件下繁荣发展社会主义文化的重要载体，是满足人民群众多样化、多层次、多方面精神文化需求的重要途径。文化产业以创意为源头，以内容为核心，具有产业链长、引领性强、资源消耗低、环境污染少的优势，是国民经济中具有先导性、战略性和支柱性的新兴朝阳产业，对于优结构、扩消费、增就业、促转型以及可持续发展具有独特作用。新形势下推动文化产业高质量发展，必须健全现代文化产业体系和市场体系，推动各类文化市场主体发展壮大，培育新型文化业态和文化消费模式，以高质量文化供给增强人们的文化获得感、幸福感。

一、推动文化产业成为国民经济支柱性产业

以产业的形式推动文化加快发展是国际通行做法。很多国家和地区通过立法的方式为文化产业发展保驾护航，如韩国的《文化产业振兴基本法》、日本的"关于促进内容产业创造、保护及应用的法律案"等。其中，美、英、日等国文化产业在其国民经济中占据重要地位。

我国文化产业经历了从无到有、从民间自发兴起到政府自觉推

动的发展历程。改革开放以来，文化产品生产和文化服务作为服务业的重要组成部分越来越受到重视，"文化产业"的概念逐渐为人们所熟知。2009 年，国务院出台《文化产业振兴规划》，将文化产业发展纳入国家战略。2010 年，党的十七届五中全会明确提出要推动文化产业成为国民经济支柱性产业。经过多年发展，我国逐步探索出一条既遵循社会主义文化建设内在规律、又适应社会主义市场经济体制客观要求的文化产业发展道路，文化产业逐步成长为国民经济的重要增长点、推动高质量发展的重要动力，其涵盖范围也在不断扩大。

文化产业已进入我国经济建设主战场，对经济社会发展的贡献不断增大。文化产业增加值从 2012 年的约 1.8 万亿元增长到 2017 年的约 3.5 万亿元，占同期 GDP 的比重从 3.48％上升到 4.2％。根据 2018 年《政府工作报告》，过去 5 年文化产业年均增长率超过 13％，大大超过 GDP 年均增长率。从这些统计数据看，我国文化产业的发展势头显然十分强劲。文化市场主体不断发展壮大，国家统计局数据显示，全国规模以上文化及相关产业 5.9 万家企业 2018 年上半年实现营业收入 42227 亿元，比上年同期增长 9.9％。文化产业成为创新创业最活跃的领域之一，沪深股市形成鲜明的"文化板块"。我国还是电影、电视剧、图书出版大国。数字文化产业近年来的表现尤为抢眼，由我国主导的手机（移动终端）动漫标准成为首个由我国制定的文化领域国际技术标准，以数字技术、区块链技术、智能技术、大数据技术、VR/AR/MR 技术为代表的高新技术在文化生产中运用越来越广泛，数字出版、网络视听、电子竞技赛事等发展为新的产业增长点。总体来看，文化产业已成为我国经济增长的新动能和新引擎，正在向高质量发展模式转换。

第十四届中国（深圳）国际文化产业博览交易会　　　　　（新华社发）

保持文化产业的健康快速发展，离不开良好的政策环境。近几年，围绕推动特色文化产业发展、支持小微文化企业发展、文化金融合作、文化创意和设计服务与相关产业融合发展等方面，中央密集出台了一系列文化产业政策，各地也制定出台了配套政策。经过长期摸索，从中央到地方已经形成了一些推动文化产业转型提质的行之有效的方法，比如，壮大市场主体、优化区域文化产业布局、完善文化产业结构、建立文化产业投融资体系、促进对外文化贸易发展等，整体政策环境大为优化。

我国文化产业发展过程中仍存在不少困难和制约因素，文化产业规模不大、结构不合理的局面还没有彻底改观。具有国际影响力的文化品牌依旧较为缺乏，总体发展与西方发达国家相比仍有不小差距，提质增效、转型升级仍将是一项长期任务。这就要求我们不断完善政策法规体系，持续优化文化产业布局结构，推动资源和要素向优势领域、企业和项目聚集，走特色化、差异化发展之路，形成不同所有制文化企业共同发展、大中小微文化企业相互促进的格局。发展骨干文化企业，推动产业关联度高、业务相近的国有文化企业联合重组，推动跨所有制并购重组。鼓励和引导非公有制文化企业发展。支持"专、精、特、新"中小微文化企业发展。加快发展新兴产业，推动传统产业转型升级，鼓励演出、娱乐、艺术品展览等传统业态实现线上线下融合。开发文化创意产品，扩大中高端文化供给，推动现代服务业发展。围绕"一带一路"建设、京津冀协同发展、长江经济带发展等国家战略，加强重点文化产业带建设。发掘城市文化资源，推进城市文化中心建设。支持中西部地区、民族地区、贫困地区发展特色文化产业。持续发挥高新技术的支撑作用，推动文化产业的创作、生产、传播、消费各环节进一步革新，促进与其他产业深度融合，努力形成文化产业新的增长点。

二、建立健全现代文化市场体系

统一、开放、竞争、有序的现代文化市场体系是推动文化产业健康发展的必要条件。改革开放以来，我国文化市场从无到有、从小到大，历经不同的发展阶段。1979年广州东方宾馆开设了内地第一家音乐茶座。此后，娱乐市场、演出市场、电影市场、艺术品市场、音像市场、书报刊市场、网络文化市场、文物市场等陆续出现，初步形成了包括文化产品市场和文化要素市场在内的市场体系，文化市场主体得到快速培育，市场结构不断优化，市场规模不断扩大，文化市场日益繁荣，成为人民群众文化消费主渠道。特别是随着"放管服"改革日益深化，文化市场活力持续迸发，为推动文化产业发展、促进创新创业、满足人民群众多样化文化需求提供了重要保障。

党的十七届六中全会、十八届三中全会和党的十九大分别对建立健全现代文化市场体系作出明确部署。中央和有关部门已出台一系列政策措施，有力推动了文化市场发展。进一步发挥市场在文化资源配置中的积极作用，必须坚持"一手抓加强服务与引导、一手抓加强执法与监管"的工作理念，持续推进现代文化市场体系建设。

要加强文化生产要素市场建设。在维护文化安全的前提下，尽可能让文化生产要素合理流动，有序发展文化产权、版权、人才、技术、信息等要素市场，建立健全文化资产评估体系和文化产权交易体系，打造综合性、专项性、区域性文化产品和服务交易平台，提高文化资源配置的质量和效率。同时，着力降低市场准入门槛、破除市场壁垒，完善市场准入和退出机制，积极鼓励社会资本投资政策法规许可的文化产业，促进文化资源在全国范围内自由合理流动。

要健全文化市场政策法规体系。推动已有市场管理法规的实施，加快推进文化市场综合执法管理条例等法规和部门规章制定工作，加快形成相对完善的文化市场法规体系。针对文化市场重点领域，持续完善相关管理政策。加强文化市场培育和服务。深化文化市场"放管服"改革，提高审批服务质量和效率，为文化市场主体营造良好环境，使其不断发展壮大。以自贸区为试验田，稳妥推进文化市场领域对外开放，将上海自贸区的改革经验进行复制推广。持续推进互联网上网服务、KTV 和游戏游艺行业以及网络游戏内容与功能的转型升级。

要进一步提升市场监管水平。实行源头治理，标本兼治，强化底线思维。加快健全以内容监管为核心、以信用监管为主要手段、以"三名单两机制"（文化市场红名单、黑名单、警示名单和守信激励机制、失信惩戒机制）为主要内容的文化市场信用监管体系，探索分类监管和综合治理，加强信用监管，以"管得住"保障"放得开"。进一步深化文化市场综合执法改革，加强对文化、文物、出版、广播电视、电影、旅游市场的统一监管。加大事中事后监管力度，加强文化市场重点领域监管。针对网络文化等重点问题和春节等重要节点开展专项整治行动。强化底线思维，牢牢把握意识形态主动权。加强安全生产管理，维护文化市场安全稳定。

近年来，新业态、新模式和新兴组织形式不断涌现，新群体规模不断壮大，必须高度重视，将其纳入管理和服务视野。要坚持树立高线和坚守底线相结合，扶持保障和引导规范相结合，提升服务和管理水平，努力推动文化市场新业态健康发展，引导文化领域新群体成为社会主义文化建设的有生力量。

第四节　深化文化体制改革

文化体制改革是解放和发展文化生产力、激发全民族文化创造活力的必由之路。习近平总书记在 2018 年召开的全国宣传思想工作会议上进一步强调，要坚定不移将文化体制改革引向深入，不断激发全民族文化创新创造活力。宣传思想文化战线要承担起举旗帜、聚民心、育新人、兴文化、展形象的使命任务，必须大力推进改革创新，破解制约文化改革发展的体制机制障碍，进一步解放和发展文化生产力。要加强和完善党对文化体制改革的全面领导，以党的政治建设为统领，牢固树立"四个意识"，坚定"四个自信"，牢牢把握正确政治方向，无论改什么、怎么改，导向不能改、阵地不能丢。

习近平在全国宣传思想工作会议上强调，举旗帜聚民心育新人兴文化展形象，更好完成新形势下宣传思想工作使命任务

一、完善文化管理体制

完善文化管理体制，是行政管理体制改革的重要方面，也是深化文化体制改革的重点任务。新时代我国社会主要矛盾的变化、党和国家机构改革的推进，对完善文化管理体制提出了新要求。

加快转变文化行政管理职能。深入推进文化领域"放管服"改革，从办文化向管文化转变、从管微观向管宏观转变，将职能重点转向规划引导、政策调节、市场监管、社会管理、公共服务等方面。创新文化行政管理方式，善于综合运用法律、行政、经济、科技等多种管理手段，做到依法管理、科学管理、有效管理。进一步加快文化立法进程，强化文化法治保障，提高依法行政能力。

统筹抓好重点领域改革。健全国有文化资产管理体制，实行管人管事管资产管导向相统一，既保证国有文化资产保值增值，又保证文化企业正确导向。完善互联网管理体制和工作机制，加快形成法律规范、行政监管、行业自律、技术保障、公众监督、社会教育相结合的互联网管理体系。进一步规范传播秩序，健全坚持正确舆论导向的体制机制。

今后，要进一步建立健全党委领导、政府管理、行业自律、社会监督、企事业单位依法运营的文化管理体制，形成有利于创新创造的文化发展环境，不断提高文化领域管理效能和服务水平，推动实现文化治理体系和治理能力现代化。

二、深化文化事业单位改革

文化事业单位是满足人民群众基本文化权益的重要保障。事业和产业的区分，推动了国有文化单位的分类改革。与区分事业和产业相一致，国有文化单位"一分为二"，公益性文化单位继续保留事业体制，经营性文化单位转制为企业。按照中共中央、国务院《关于分类推进事业单位改革的指导意见》有关要求，国有文化事业单位分类工作已基本完成。

公共文化馆、图书馆、博物馆、美术馆等公共文化机构主要属于公益一类，其深化改革主要是完善法人治理结构。这也是转变政府职能、创新公共文化事业管理体制机制、实现管办分离的重要内容和途径。目前，公共文化机构法人治理结构改革试点单位立足自身实际，开展了多层面的探索。

新闻单位、保留事业体制的国有文艺院团以及少数出版社等属于公益二类，其深化改革主要是进一步推动宣传和经营的分开，成效明显。以新闻单位中的广播电视台为例，开展了多种形式的制播分离改革，同时抓住传统媒体和新兴媒体深度融合发展的历史机遇，实现转型升级，进一步巩固了宣传思想文化阵地，壮大了主流思想舆论。

[案 例]

项城推进县级融媒体中心建设

受新媒体飞速发展等因素影响，传统媒体尤其是县级广播电视台的生存和发展面临很多困难与挑战。河南省项城市广播电视台立足传统媒体与新媒体融合发展，对内部体制、用人机制、服务理念、服务方式、创收模式、办台模式、传播方式等七个方面进行深化改革，建立起"一中心"（项城市融媒体中心）、"八平台"（市电台、市电视台、《项城市讯》、《项城瞭望》、"项城网"、"瞭望"项城官方微信、微博、APP 客户端），形成了网、报、刊、"双微"、手机报等全媒体发力的新闻宣传新局面，2017 年经营收入达2600 多万元。

文化事业单位改革任重道远。当前和今后一个阶段，要在中央分类推进事业单位改革的总体框架内，继续探索政事分开、管办分离、制播分离等工作的有效形式，针对不同性质和规模的文化事业单位提出不同类型的保障方式，推动建立功能明确、治理完善、运行高效、监管有力的管理体制和运行机制，探索对公益一类、公益二类事业单位进行区别管理，不断增强发展活力。

三、建立健全"两个效益"相统一的现代文化企业制度

把社会效益放在首位、实现社会效益和经济效益相统一，是文化企业的特殊属性和独特功能决定的。文化产品与其他商品的重大区别，就是文化产品是精神产品，既具有意识形态属性，又具有一般商品属性。看不到意识形态属性，就难以坚持正确的发展方向；看不到商品属性，文化发展就难以与社会主义市场经济相适应。

习近平总书记指出，文化体制改革要在大胆推进的同时，把握好意识形态属性和产业属性的关系，无论改什么、怎么改，导向不能改，阵地不能丢。要看到，文化事业、文化产业只是文化形式的差别、载体的不同，而承载的精神即文化的灵魂应是一致的。所有文化单位和文化工作者，都要认真考虑自己产品的社会效果，始终把社会效益摆在首位，强化社会责任，努力实现社会效益与经济效益的有机统一。当经济效益同社会效益发生冲突时，经济效益要服从社会效益，宁可损失经济效益，也不能损害社会效益，更不能见利忘义，搞拜金主义。

国有文化企业是我国文化产业发展的主力军，更需认清使命、自觉担当，在推动"两个效益"相统一中走在前列。近年来，很多国有文化企业通过创新机制，建立科学的内部绩效考核体系，实行差异化考核，把"两个效益"相统一的要求制度化规范化。比如，按规定转制的重要国有传媒企业正在探索实行特殊管理股制度，目前相关试点工作有序推进。此外，图书制作和出版分开、股权激励、职业经理人、社会效益评价考核等试点工作也都积累了有益经验。

在市场经济和对外开放的环境下，不少文化企业面对竞争的压

力，往往忽视了文化企业的特殊属性及内在要求，片面追求经济效益、淡化社会效益的情况时有出现，唯发行量、唯收视率、唯点击率、唯销售额等现象还未完全消除。要把社会效益放在首位，坚持"两个效益"相统一，建立健全管人管事管资产管导向相结合的新型国有文化资产管理体制机制，进一步落实和完善文化经济政策，形成文化企业特有的经营理念、治理结构和绩效考核，把社会效益的要求体现在企业宗旨中、贯穿到生产经营管理各环节和全过程。

[案 例]

中国对外文化集团公司坚持社会效益优先

中国对外文化集团公司将推动中华文化走出去作为最大的社会效益，积极配合国家外交大局，策划运作了大量演出、展览等文化交流项目。同时，努力拓荒海外市场，将具有民族艺术特色、承载中国人价值观的优秀演出产品以文化贸易方式推向国际市场。近年来，已推动《丝路花雨》《又见国乐》等剧目登上悉尼歌剧院、肯尼迪艺术中心等世界舞台，与海外文化机构合作举办"相约北京"艺术节、亚洲艺术节等，取得社会效益和经济效益的双丰收。

四、推进文化和相关领域深度融合

文化具有很强的关联性，有助于提高相关产业的附加值，放大相关产业优势和市场优势。当前，文化产业与制造、建筑、信息、旅游、农业、体育、健康等相关产业的融合发展正在蓬勃兴起，"文化＋"触角延伸到了经济社会众多领域和行业，呈现出多向交互融合的态势。比如，文化创意和设计服务与实体经济深度融合，不断催生出新技术、新工艺、新产品，满足了新需求。文化与农业的融合助推了特色农业发展，农耕体验、田园风光、文化创意等越来越融于一体。文化与体育、健康养老、中医药的融合带动了康养产业的发展。文化与建筑业、地产业的融合提升了城市公共空间、特色城镇和街区的文化内涵，改善了人居环境品质。

按照深化党和国家机构改革的要求，2018 年 4 月，文化和旅游部正式组建，对于加强党对文化和旅游工作的全面领导，对于推动文化事业、文化产业和旅游业融合发展，具有重要意义。新形势下，推动文化事业、文化产业和旅游业融合发展，需要坚持宜融则融、能融尽融的原则，让更多文化资源、文化要素转化为旅游产品，用文化的养分滋养旅游，丰富旅游的内涵、拓展旅游的空间，推动旅游的特色化、品质化、效益化发展；同时，依托旅游的产业化、市场化手段丰富文化产品的供给类型和供给方式，让旅游为社会主义核心价值观弘扬传播、为中国特色社会主义文化繁荣发展搭建更多更广的平台、注入新的活力。

随着我国新型工业化、信息化、城镇化、农业现代化进程不断加快，随着"一带一路"建设、京津冀协同发展、长江经济带建设等国家重大战略深入实施，文化与其他领域的融合空间将更加广阔。这就要求我们必须紧紧抓住融合发展这个关键，进一步拓宽文化创新发展的空间，努力形成文化和相关领域融合的开放促进体系，使"文化＋"真正成为促进产品和服务创新、催生新兴业态、带动就业、满足多样化消费需求、提高人民生活质量的重要途径。

本章小结

中国特色社会主义进入新时代，人民群众的文化需求出现量的扩大与质的提升。满足人民过上美好生活的新期待，必须提供丰富的精神食粮。推动文化事业全面繁荣、文化产业快速发展，是丰富人民精神文化生活、保证人民文化权益的必然要求。要通过加快完善现代公共文化服务体系、促进文化产业转型升级提质增效、深化文化体制改革，不断增强文化整体实力和竞争力，丰富人民精神世界，增强人民精神力量。

【思考题】

1. 如何准确理解文化事业和文化产业的关系？

2. 健全现代文化产业体系和市场体系对于满足人民群众多样化精神文化需求有哪些重要作用？

3. 谈谈对深化文化体制改革的理解。

第八章

提高国家文化软实力

文化软实力集中体现了一个国家基于文化而具有的凝聚力和生命力，以及由此产生的吸引力和影响力。

提高国家文化软实力，是一项"形于中"而"发于外"的重大战略任务。我们既要深化文化体制改革，推动文化事业和文化产业发展，更好地构筑中国精神、中国价值、中国力量，夯实国家文化软实力的根基，也要不忘本来、吸收外来、面向未来，着眼扩大中华文化影响，推进国际传播能力建设，讲好中国故事，向世界展示真实、立体、全面的中国。

第一节　持续提升中华文化影响力

在社会主义文化强国建设进程中，我们要高度重视国家文化软实力建设。既要通过推进社会主义文化繁荣兴盛，激发全国人民为实现中华民族伟大复兴而奋斗的精神力量，又应该通过努力弘扬中国精神，传播当代中国价值观念，展示中华文化独特魅力，塑造我国的国家形象，努力提高国际话语权，增强国家核心竞争力，提升国际影响力，营造和平发展的良好国际环境。

一、弘扬具有时代价值的中国精神

中国精神是凝心聚力的兴国之魂、强国之魂。中国人民的特质、禀赋不仅铸就了绵延几千年发展至今的中华文明，而且深刻影响着当代中国发展进步，深刻影响着当代中国人的精神世界。中国精神，是中国人民在长期奋斗中培育、继承、发展起来的，概括起来就是以爱国主义为核心的民族精神和以改革创新为核心的时代精神。爱国主义始终是把中华民族坚强团结在一起的精神力量，改革创新始终是鞭策我们在伟大改革开放进程中与时俱进的精神力量。

大力弘扬中国精神，要始终发扬以爱国主义为核心的民族精神。在5000多年的发展中，中华民族形成了以爱国主义为核心，团结统一、爱好和平、勤劳勇敢、自强不息的伟大民族精神。习近平总书记在十三届全国人大一次会议闭幕会上对中华民族精神又作了系统阐释，即"伟大创造精神、伟大奋斗精神、伟大团结精神、伟大梦想精神"。在几千年历史长河中，中国人民始终辛勤劳作、发明创造，始终革故鼎新、自强不息，始终团结一心、同舟共济，始终心怀梦想、不懈追求，推动我国不断向前发展，走在世界前列。在新时代的伟大征程上，只要始终发扬中国精神，振奋起全民族的精气神，就一定能够创造出更加辉煌的人间奇迹，就一定能够创造人民更加美好的生活。

大力弘扬中国精神，要始终发扬以改革创新为核心的时代精神。每个时代都必然孕育着这一时代的精神。在当代中国，改革创新是时代的最强音，是时代精神的本质体现。我国改革开放 40 年的伟大实践，培植铸塑了以改革创新为核心的时代精神，这一时代精神与中华优秀传统文化和人类文明优秀成果相承接，与社会主义核心价值观相契合，成为当代中国的主旋律和最强音。在全面建成社会主义现代化强国的新的伟大征程中，我们要继续大力弘扬以改革创新为核心的时代精神。

每个民族都有自己的民族精神，每个国家在向前奋进的过程中都呈现出不同的精神风貌，这些都为世界文明的发展进步作出了贡献。中华民族独特的民族精神和悠久的历史文化传统，不仅使我们傲然屹立于世界民族之林，而且是推动世界和平与发展的重要力量。弘扬当代中国精神，有助于人类文明进步，有助于解决人类共同面临的全球性问题，有助于构建人类命运共同体。

二、传播当代中国价值观念

文化的影响力，核心是价值观念的影响力。这种影响力支配着人们的文化实践与文化生活，既构成了文化的核心和灵魂，又在文化中得到涵养。当代中国价值观念，就是中国特色社会主义价值观念，代表了中国先进文化的前进方向。经过长期努力，我国成功走出了中国特色社会主义道路，取得举世瞩目的辉煌成就，实践证明，我们的道路、理论、制度、文化是成功的。当代中国价值观念，在我们的道路、理论、制度、文化中得到充分彰显。习近平总书记指出，"要加强提炼和阐释，拓展对外传播平台和载体，把当代中国价值观念贯穿于国际交流和传播方方面面"。这要求我们要精心谋划，科学设计，有针对性对外阐释和传播好当代中国价值观念。

传播当代中国价值观念，首先要讲清楚中国特色。讲清楚每一个国家和民族的历史传统、文化积淀、基本国情不同，其发展道路必然有着自己的特色；讲清楚中华文化积淀着中华民族最深沉的精神追求，是中华民族生生不息、发展壮大的丰厚滋养；讲清楚中华优秀传统文化是中华民族的突出优势，是我们最深厚的文化软实力；讲清楚中国特色社会主义植根于中华文化沃土、反映中国人民意愿、适应中国和时代发展进步要求，有着深厚历史渊源和广泛现实基础。我们要从理论与实践、历史与现实、国内与国际的联系上，宣传阐释好中国特色社会主义道路是由中国独特的文化传统、独特的历史命运、独特的基本国情决定的，宣传阐释好这条道路创造的举世瞩目的中国奇迹、开创的独具特色的制度文明，增进国际社会对我国发展道路的理解认同。

传播当代中国价值观念，要大力宣传和弘扬社会主义核心价值观。社会主义核心价值观是当代中国精神的集中体现，凝结着全体人民共同的价值追求，也是对外展示中国形象、诠释中国精神的重要价值理念。无论是官方交流还是民间往来，人人都有传播能力和传播空间，更有传播义务，都是社会主义核心价值观的传播者。通过建立国际友好城市、结交国际友好组织、加强与公民社会组织合作等政府外交与公共外交活动来加强国际间的往来与交流，扩大国际合作网络，宣传社会主义核心价值观。倡导文明出境游，让中国游客成为本国文化价值观的良好展示者。通过在华留学生真实的学习生活经验以及境外旅游者来华旅游的体验，凸显独具中国特色的形象，使社会主义核心价值观在国外民众中众口相传。

传播当代中国价值观念，要开展多层次立体化融合传播。当代中国价值观念的国际传播必须坚持传统媒体和新兴媒体优势互补、一体发展，形成立体融合发展的现代传播体系。提升融合生产传播能力，形成移动化、立体化传播矩阵。打造移动客户端品牌，大力发展移动直播。注重各类新平台终端的建设，通过内容的可视化呈现，吸引国外受众特别是青年受众。利用对外经贸活动、文化往来、学术交流、体育交往等渠道，开展国际活动传播、品牌载体传播和口碑传播等立体化传播，润物无声地传播当代中国价值观念。

三、传播当代中国文化创新成果

积极传播当代中国文化创新成果，是提升中国特色社会主义文化影响力的必然要求。坚持不忘本来、吸收外来、面向未来，在继承中转化，在学习中超越，传播更多体现中华文化精髓、反映中国人审美追求、蕴含当代中国价值观念、符合世界进步潮流的优秀成果，让当代中国文化以鲜明的中国特色、中国风格、中国气派屹立于世。

传播当代中国文化创新成果，要集中展示当代中国的最新思想理论成果。当代中国最新思想理论成果，就是习近平新时代中国特色社会主义思想。习近平新时代中国特色社会主义思想立足中国、引领时代、面向世界，是中国精神的时代精华，是人类精神财富的重要成果，具有强大真理力量和独特思想魅力，是外界认知当代中国的最基本、最权威、最有效的成果。《习近平谈治国理政》第一卷、第二卷的出版发行，受到国外读者的广泛关注和高度评价，成为国际社会认识中国的重要窗口，许多人将其视为了解当代中国发展的"密钥"。

《习近平谈治国理政》第二卷中英文版的精装版和平装版

（新华社记者 陈晔华 / 摄）

传播当代中国文化创新成果，要把优秀传统文化的精神标识提炼出来、展示出来，把优秀传统文化中具有当代价值、世界意义的文化精髓提炼出来、展示出来。中华优秀传统文化是中华民族的文化根脉，其蕴含的思想观念、人文精神、道德规范，不仅是我们中国人思想和精神的内核，对解决人类问题也有重要价值。把思想深刻、艺术性强、具有鲜明中华传统文化特色的优秀产品推向世界，全方位展现一个古老而又年轻、传统而又开放的当代中国。

传播当代中国文化创新成果，要善于运用艺术化形象化的载体。艺术是一种世界语言，直指心灵，是最好的交流方式，能给外国人了解中国提供一个独特的视角。要向世界大力宣传推介京剧、民乐、书法、国画等我国优秀传统文化艺术，让国外民众在审美过程中获得愉悦、感受魅力。当代优秀文化作品讲述了当代中国的精彩故事，表达了中华文化的核心理念，承载着当代中国价值观念。要推动当代中国优秀文化作品走出去，让外国民众通过欣赏中国作家艺术家的作品，来深化对中国的认识、增进对中国的了解。中国影视作品成为越来越多世界人民更加全面认识中国社会、中国家庭和普通中国人，进而理解和支持中国的窗口，成为传播当代中国价值观的"铁盒里的大使"。只有让世界各个角落的人们都来分享我们的文明成果与智慧，让世界真正了解中国，让世界听到中国声音，才能使中国真正走向世界，我们的软实力也才能真正强大起来。我们所做的，就是要把更多体现中华文化精髓、反映中国人审美追求、传播当代中国价值观念、符合世界进步潮流的优秀作品奉献给伟大的时代。

第二节　加强对外文化传播交流

中国和世界的关系正在发生历史性变化，中国需要更好了解世界，世界也需要更好了解中国。加强对外文化传播交流，是提升中华文化影响力，提高国家文化软实力，展示真实、立体、全面的中国形象的内在要求。

一、扩大中外文化交流合作

中外人文交流是党和国家对外工作的重要组成部分，是夯实中外关系社会民意基础、提高我国对外开放水平的重要途径。以开展主场外交活动为契机，提高中国在世界范围内的影响力。依托高级别人文交流机制推动区域人文交流，扩大参与国家范围，搭建政府间文化交流平台，加强与"一带一路"沿线国家文化交流合作，让世界看到一个开拓创新、勇于担当的中国，彰显中国智慧与魅力。以建立高级别人文交流机制为载体，充分发挥元首外交和首脑外交的引领作用和高级别人文交流机制的示范带动作用，形成新的交流形式和合作领域。近几年，我国先后同俄、美、英、法、德、南非、印尼、欧盟、印度等建立了9个高级别人文交流机制，初步形成覆盖世界主要国家和地区的政府间文化交流与合作网络。以推动全社会广泛参与对外文化交流为途径，进一步丰富和拓展人文交流的内涵和领域，打造人文交流国际知名品牌，促进文化互鉴、民心相通。坚持走出去和引进来双向发力，重点支持汉语、中医药、武术、美食、节日民俗以及其他非物质文化遗产等代表性项目走出去，深化中外留学与合作办学，高校和科研机构国际协同创新，文物、美术和音乐展演，大型体育赛事举办和重点体育项目发展等方面的合作。

[案　例]

"欢乐春节"品牌影响持续扩大

中国春节蕴含着丰富的民族传统与历史文化底蕴，既是中国人最重要的传统节日，也是开展中外文明交流互鉴的最佳载体。自21世纪初，我国开始面向海外社会打造"春节品牌"活动，每年派遣文艺团组赴海外，参与当地春节庆祝活动，受到广大海外观众的欢迎和喜爱。2009 年，该项海外春节文化系列活动统一归名为"欢乐春节"。经过 10 余年的全面持续推进，已成为我国对外文化交流覆盖面最广、参与人数最多、影响最为广泛的旗舰项目，在全世界形成了闪亮的中国品牌，为增进中外政治互信、经贸互利、文明互鉴、民心互通搭建了重要平台。

对外文化贸易和投资是推动中国文化产品及其要素在世界范围内合理流动的内在动力。近几年，我国对外文化贸易和投资增长迅速，中华文化的国际影响力持续增强。2017 年，我国文化产品出口 881.9 亿美元，同比增长 12.4%。其中，处于核心层的文化和娱乐服务、研发成果使用费、视听及相关产品许可费等三项服务出口 15.4 亿美元，同比增长 25%，占比提升 5.7 个百分点至 24.9%，出口结构呈持续优化态势。要健全现代文化产业体系和市场体系，创新生产经营机制，完善文化经济政策，培育对外文化贸易主体，鼓励和引导各种所有制文化企业参与文化产品和服务出口，加大内容创新力度，打造外向型骨干文化企业，支持文化企业到境外开拓市场。国家对外文化贸易基地在上海、北京、深圳相继建立，成为在文化贸易领域先行先试、探索发展新模式的重要抓手。今后，要进一步遵循国际市场规律，坚持政府搭台、市场运作，支持各种所有制企业走出去，创新海外运营模式，增强骨干企业国际竞争力，运用合资、合作、参股等方式，让更多优质产品和服务占领国际市场。

积极吸收借鉴国外优秀文化成果。坚持"以我为主、为我所用"

的立场，以开放的气魄与开阔的视野，坚持在交流互鉴中创新，创造性地吸收借鉴国外优秀文化，丰富和发展中华文明，为世界的和平发展提供公共产品。

二、提升媒体国际传播能力

推进媒体国际传播能力建设，完善国际传播工作格局，创新宣传理念、创新运行机制，从单向度的传播变为双向度的沟通，增强国际传播的主体力量，充分调动各方力量，向世界展现真实、立体、全面的中国。

构建协同配合的国际传播工作新格局。现在，我国已经形成了以政府为主导，媒体、智库、企业、民间等共同参与的国际传播格局。不同传播主体在传播形态、传播行为、传播能力和影响力上各有其独特的优势，但还存在着资源力量分散、整合优化不够的问题。面对国际国内复杂局势，我们要进一步加大统筹协调力度，汇聚更多资源力量，打出国际传播的组合拳，综合政治、经济、文化、外交等多方面因素，整合政府机构、大众媒体、企业组织及民间个体等多元力量，更好地实现综合性、全方位的传播效果。

打造具有较强国际影响的外宣旗舰媒体。近年来，我国媒体的国际传播能力显著增强，在基础设施、传播观念以及国际议题设置能力等方面得到极大提升。中国国际电视台启用 CGTN 融媒中心，打造全球新闻一体化生产运营体系，各频道相继进入国外主流运营商平台，重大国际事件报道到达率、首发率比肩西方一流媒体，国际传播力迅速提升。要把中央主要新闻媒体作为加强国际传播能力建设的重点，加快推动传统媒体和新兴媒体融合发展，加大传播渠道建设力度，提升本土化水平，进一步完善全球采编播发网络，提高新闻信息的原创率、首发率、落地率，努力打造国际一流媒体。加强国际合作，搭建境外全媒体平台，建设多语种新媒体传播体系，加大力度借助海外社交媒体谋求新发展，让全世界都能听到并听清中国声音。

[案 例]

中国国际电视台打造外宣旗舰媒体

2016 年 12 月 31 日，中国国际电视台（中国环球电视网，简称 CGTN）开始播出。CGTN 明确"电视主打、移动优先"的原则，包括 6 个电视频道（英、西、法、阿、俄、纪录频道）、3 个海外分台（北美、欧洲、非洲分台）、1 个视频通讯社（国际视通）、1 个移动新闻网（WWW.CGTN.COM）、若干客户端和社交媒体账号。CGTN 融媒体中心着力构建多形式采集、同平台共享、多渠道多终端分发的融媒体业务集群。

加强项目实施效果评估。为确保国际传播能力建设实效，切实提高中华文化的海外影响力，必须建立健全科学化、规范化、标准化的国际传播效果评估机制和指标体系，加强国际传播效果研究与动态管理。鉴于国际传播客体的多样性、广泛性和复杂性特征，国际传播的效果评估应该体现标准化、多样化和体系化，能够及时跟踪和评价国际传播实际效果并动态反馈和及时调整。

三、讲好中国故事塑造中国形象

讲故事，是国际传播的最佳方式，讲好故事事半功倍。习近平总书记以身作则、率先垂范宣介中国理念、阐释中国主张，讲述了许许多多脍炙人口、打动人心的中国故事。比如，在 2014 年加强互联互通伙伴关系对话会上，讲了愚公移山的故事，阐释"一带一路"互联互通的重要性；在 2014 年中阿合作论坛上，讲了一个阿拉伯商人在浙江义乌奋斗成功的故事，阐述中国梦的世界意义；在 2015 年访美时结合自身经历，讲了梁家河变迁的故事，阐释中国道路走得对走得通。这些故事具体而生动、通俗而深刻，言语间蕴含着思

《习近平在对美国进行国事访问时的讲话》

想智慧、文化力量，拉近了与外国受众的距离。从一定意义上说，塑造国家形象的效果、传播价值理念的力度、增进文化认同的质量，直接取决于讲故事的能力和水平，取决于我们选择什么样的故事载体、采取什么样的讲故事方式。

讲好中国故事，需要树立强烈的文化自信。习近平总书记强调："我们有能力做好中国的事情，难道还讲不好中国故事？我们必须有这个信心。"中国道路的开创，中国奇迹的取得，中国为世界发展作出的贡献，是我们坚守文化自信的物质基础。讲好中国故事，要求我们坚守中华文化立场、传承中华文化基因、展现中华审美风范，从中华民族的辉煌历史和国家发展的伟大成就中汲取精神

力量，增强文化自信，增强讲好中国故事的底色和底气。

讲好中国故事，应当凸显中国精神和核心价值观。中国几千年的灿烂文明举世罕见，新中国成立以来的沧桑巨变世人瞩目，改革开放40年来的发展奇迹令人震撼，为讲好中国故事提供了源源不断的素材。在这些中国故事当中，蕴涵着丰富的中国精神，集中体现着中国的核心价值观。要主动讲好中国共产党治国理政的故事、中国人民奋斗圆梦的故事、中国坚持和平发展合作共赢的故事，讲好中国故事背后的中国精神、中国价值。要组织各种精彩精练的故事载体，把中国道路、中国理论、中国制度、中国精神、中国力量寓于其中，通过引人入胜、循循善诱的方式，使人想听爱听，听有所思，听有所得。

讲好中国故事，要在表达方式上让国际社会易于理解和接受，绝不将自己的价值观强加于其他国家和民族。目前，在讲故事上还存在政策语言多、生动事例少，古代经典多、现代故事少等问题，存在重主题轻主角、重论述轻叙述、重宏大叙事轻微观展现等问题。要更加注重挖掘有温度、接地气的外宣素材和故事，注重以理服人、以文服人、以德服人，更加注重用事实、数据和案例说话，增强吸引力、感染力。要遵循对外传播规律。加强国际化表达，要选择与价值观念相适宜、兼具民族特色和国际表达的话语体系，紧贴海外受众的思维方式、文化习俗、接受习惯，以国际化理念、本土化运作，把中国的历史文化、发展成就、时代风貌、价值观念等融入本土传播，架起沟通桥梁，激发情感共鸣。

国家形象是国家软实力的重要范畴，是主权国家最重要的无形资产。要运用新思维、新手段讲好中国故事、传播好中国声音，更好地塑造与宣传国家形象。文明大国、东方大国、负责任大国和社

2018 年 12 月 5 日，中央芭蕾舞团在西班牙马德里卡纳尔大剧院演出《红色娘子军》
（新华社发 时任 / 摄）

会主义大国，构成了当代中国最重要的形象基础。要重点展示中国历史底蕴深厚、各民族多元一体、文化多样和谐的文明大国形象，政治清明、经济发展、文化繁荣、社会稳定、人民团结、山河秀美的东方大国形象，坚持和平发展、促进共同发展、维护国际公平正义、为人类作出贡献的负责任大国形象，对外更加开放、更加具有亲和力、充满希望、充满活力的社会主义大国形象。

第三节　努力提高国际话语权

放眼世界各国走向现代化的历程，无不注重通过国际话语权的建构与提升，宣传本国的价值观念和基本国策。我国正迎来从站起来、富起来到强起来的伟大飞跃，在夯实硬实力的同时，提升以国际话语权为代表的文化软实力，是建设社会主义文化强国和全面增强综合国力的内在需求。

一、争取国际话语权是提高国家文化软实力的重要任务

话语权决定主动权，落后就会挨打，贫穷就会挨饿，失语就会挨骂。经过长期奋斗，我们已经基本解决了"挨打""挨饿"的问题，但"挨骂"问题还没有得到根本解决。争取国际话语权就是要解决"挨骂"问题，是提高国家文化软实力的一项重要任务。

从国际上看，随着我国经济社会发展和国际地位提高，国际社会对中国发展道路和发展模式的理性认识逐步加深。但是，目前"西强我弱"的国际舆论格局之下，西方主要媒体左右着世界舆论，我们往往有理说不出、难说出，或者说出了传不开。特别是某些西方国家视我国为战略竞争对手，利用其战略优势，散布"中国威胁论""中国崩溃论"等论调，有意歪曲事实，抹黑中国。面对复杂多变的国际形势，提高我国国际话语权、占领国际舆论制高点，已成为提高国家文化软实力，创造良好国际发展环境，争取与我国经济发展实力相符合的国际地位的迫切需要。

从我们自身来看，对国际话语权的掌握和运用总的还是生手，在很多场合还是人云亦云，甚至存在看重别人、轻视自己等不自信现象。事实证明，提高国家文化软实力，既要"形于中"又要"发于外"。我们国家发展成就那么大，未来发展势头那么好，我们国家在世界上做了那么多好事，这是提高我国国际话语权的最大本钱。我们有本事做好中国的事情，也有本事提高国际话语权。

二、构建中国特色的国际话语体系

话语体系是话语权的重要组成部分，要争取国际话语权，必须要构建中国特色的国际话语体系。习近平总书记运用马克思主义立场观点方法，从中华文化和人类文明成果中汲取智慧，创造性提出一系列具有鲜明中国特色和深厚人类情怀的中国话语。

《携手推进"一带一路"建设——在"一带一路"国际合作高峰论坛开幕式上的演讲》

比如，关于人民的梦想追求，提出"实现中国梦不仅造福中国人民，而且造福世界人民"；关于道路制度，提出"鞋子合不合脚，自己穿了才知道"。再比如，关于人类发展和世界前途，提出推动构建人类命运共同体；关于国际合作，提出"一带一路"倡议；等等。这些都是话语体系创新的经典之作，一经提出就在国际社会得到广泛传播、引发强烈共鸣，增强了中国声音的穿透力、影响力。

构建中国特色的国际话语体系，要坚持以当代中国特色社会主义实践为基础，系统梳理我们具有独创性和影响力的话语。如中国梦、美丽中国、国家治理体系和治理能力现代化、"把权力关进制度的笼子里"等，总结形成准确阐释中国道路、中国理念、中国价值的对外话语体系，彰显话语特色和话语优势。要围绕全球性重大议题提出中国话语，针对经济全球化、恐怖主义、网络安全、气候变化等人类共同面临的重大问题，提出具有鲜明中国特色、体现人类共同价值追求的观点主张。

构建具有影响力的中国特色国际学术话语。发挥我国哲学社会科学的作用，加强话语体系建设，以我国实际为研究起点，提出具有主体性、原创性的理论观点，构建具有自身特质的学科体系、学术体系、话语体系。中国学者有责任加强中国道路、理论、制度和文化的学术研究，建构具有中国特色、中国气派的中国道路国际话语体系，在国际对话中充分表达自己、丰富自己，决不能迷失于现代世界的众声喧哗之中，更不能满足于仅仅做西方话语的聆听者和追随者。

三、增强国际舆论的议题设置能力

议题设置是传播学的经典命题。其基本观点是媒介突出强调的议题，包括"说什么"、"怎么说"、"什么时候说"，会直接影响受众想什么、怎么想。议题设置能力是话语权的重要环节，掌握了议题权，才能牢牢掌握主动权、话语权。国际舆论中"羊群效应"很明显，往往谁先发声，谁就可能抢占舆论主导权。要坚持先声夺人，捕捉最佳时机，主动设置议题，敢打舆论主动仗，避免随风起舞、疲于应对。

要提高设置中国议题的能力。随着我国综合国力和国际地位大幅提升，中国日益走近世界舞台中央，国际社会前所未有地聚焦中国、期待中国声音，关注中国的发展成就、发展模式。要有针对性地设置体现我国立场主张、能够触动他人"神经"的具体议题，积极回应国际社会对中国的主要关切，包括中国的发展道路、发展成就，中国的民主人权、民族宗教，中国的环境保护、金融安全，中国的新闻制度、网络治理等，主动解疑释惑，澄清模糊认识。

要提高设置国际议题的能力。国际社会十分关注中国对世界的看法、对重大国际问题的态度，这方面我们不能缺席、不能失语，不仅要接好球，还要抢回发球权，瞄准某些西方国家的"软肋"主动出击。比如，针对一些国家逆潮流而动、推行单边主义，大搞贸易保护主义和民粹主义，退出有关国际组织、国际协议，我们可以抓住时机设置议题，引导国际社会认清其强权政治和霸权主义的本质。再比如，面对全球金融危机、恐怖主义的威胁、环境

《携手构建合作共赢、公平合理的气候变化治理机制——在气候变化巴黎大会开幕式上的讲话》

污染、全球气候变暖等人类共同关注的问题，中国要及时向世界传达中国声音、中国主张、中国方案，更加有效地影响和引导国际舆论，彰显我国在地区乃至全球治理中的话语权。

四、增强在国际文化规则制定中的话语权

增强国际话语权，要积极参与国际话语规则的制定，营造有利于中国的国际话语语境。要利用国际重要多边舞台传播中华文化、参与国际重要文化规则制定。随着多边国际文化交流与合作的不断深化，通过联合国教科文组织等国际平台，中国深度参与《保护非物质文化遗产公约》《保护和促进文化表现形式多样性公约》的修订和实施，国际文化话语权大为提高。我国列入联合国教科文组织人类非物质文化遗产代表作名录 31 项，列入急需保护的非物质文化遗产名录 7 项，入选非物质文化遗产优秀实践名册 1 项，列入名录（名册）的总数位居各缔约国之首。今后，要积极发挥发展中大国作用，努力创新与国际文化组织的合作形式、模式，把握公约发展动向，从单纯的国际规则执行者逐步向规则的制定者和参与者转

变，进一步巩固和提升我国话语权和影响力。

◅── 本章小结 ──▻

　　我国日益走近世界舞台中央，迫切需要向世界展现真实、立体、全面的中国形象，形成与我国综合国力和国际地位相适应的国家文化软实力。要坚持以我为主、兼收并蓄，加强对外文化交流合作，推动文明互鉴，着力推进国际传播能力建设，创新对外宣传方式，构建对外话语体系，主动宣介习近平新时代中国特色社会主义思想，主动讲好中国共产党治国理政的故事、中国人民奋斗圆梦的故事、中国坚持和平发展合作共赢的故事，不断提高国家文化软实力和中华文化影响力。

【思考题】

　　1. 为什么要提高国家文化软实力？

　　2. 怎样更好推动中华文化走出去？

　　3. 在当前"西强我弱"的国际舆论格局下，如何建构具有中国特色的国际话语体系？

　　4. 结合当前国际热点问题，谈谈怎样提高我们在国际上的议题设置能力。

结束语
谱写新时代文化繁荣兴盛新篇章

中国共产党从成立之日起，既是中国先进文化的积极引领者和践行者，又是中华优秀传统文化的忠实传承者和弘扬者。

中国特色社会主义进入新时代，思想文化建设工作也站在了一个新的起点上。社会主义现代化的壮丽征程，深刻的社会变革和宏大的实践创新，为新的文化创造提供了更强大的动力、更广阔的空间，也对新的文化发展提出了更高要求。

一、全面加强党对文化工作的领导

我们党是一个具有高度文化自觉的马克思主义政党，始终站在时代潮头引领文化发展。切实把党的领导贯穿文化发展改革始终，运用文化引领方向、凝聚奋斗力量、推动事业发展，成为我们党的优势所在、责任所系。全面加强党对文化工作的领导，是推动社会主义文化繁荣兴盛、建设社会主义文化强国的坚强保证。

加强党对文化工作的全面领导，旗帜鲜明坚持党管宣传、党管意识形态、党管媒体。文化工作要以党的政治建设为统领，牢固树立"四个意识"，坚决维护习近平总书记党中央的核心、全党的核心地位，坚决维护党中央权威和集中统一领导，在政治立场、政治方向、政治原则、政治道路上同以习近平同志为核心的党中央保持高度一致。文化战线要加强作风建设，坚决纠正"四风"特别是形式主义、官僚主义。以全面从严治党新成效，激发文化工作的新能量新作为，为完成好新时代新使命提供坚强保证。

把讲导向摆在首位。社会主义市场经济条件下，文化产业属性越来越明显，同时也要看到，文化具有鲜明的意识形态属性，社会主义文化必须坚持为人民服务、为社会主义服务。政治导向正确，才能凝聚人心、汇聚力量，推动事业发展；政治导向错误，就会动摇人心、瓦解斗志，危害党和人民事业。要确保文化工作始终贯彻执行党的路线方针政策，把体现党的主张和反映人民心声统一起来。文化工作者特别是党员干部，必须始终绷紧政治这根弦，增强政治敏锐性和政治鉴别力，在大是大非问题上旗帜鲜明，在坚定"四个自信"上勇当先锋。

切实担负起领导责任。在中国特色社会主义文化发展道路上实现文化新跨越、创造文化新辉煌，意味着我们党要担负起新的文化使命，从战略和全局出发，深入推进文化发展改革。推动社会主义文化繁荣兴盛是全党的共同责任，文化建设是一项复杂的系统工程，不能靠文化部门单打独斗，必须坚持全党动手。各级党委和政府要担负起政治责任和领导责任，强化"一盘棋"理念，动员和推动各条战线各个部门齐抓共管，形成强大工作合力。更加自觉地把文化建设摆在全局工作的重要位置，加强顶层设计、整体谋划，分析意识形态和宣传文化工作新情况新特点，及时研究文化建设的重大问题，牢牢把握文化发展领导权。文化工作专业性强、涵盖面广，对党员干部专业知识、业务水平提出了很高要求。要坚持正确选人用人导向，把政治立场坚定、思想理论水平高、熟悉文化工作规律的干部充实到领导岗位上来，推动领导干部提高文化素养，增强工作本领，成为领导文化建设的行家里手。

加强文化领域党的建设。党的十八大以来，以习近平同志为核心的党中央从严管党治党，这是党和国家事业取得历史性成就、发生历史性变革的根本保证，也是文化建设工作取得重大进展的根本保证。不容忽视的是，文化领域有的部门和单位依然存在党的领导弱化、党的建设缺失、管党治党不力等问题。文化战线必须牢固树立抓好党建是最大政绩的观念，以政治建设为统领，把党建工作摆上重要位置，同业务工作一起谋划、一起部署、一起考核，强化主体责任和监督责任，加大监督执纪问责力度，落细落实意识形态工作责任制。要以全面从严治党新成效，激发文化工作的新能量新作为，为完成好新时代新使命提供坚强保证。

二、激发全民族文化创新创造活力

文化是最需要创新的领域，创新是文化的本质特征。一个民族、一个国家的文化强不强，归根到底取决于文化创新创造的活力强不强。当前，我国文化工作的国际国内条件都发生了很大变化，全球文化竞争交流更加激烈频繁，人民对美好生活有了新要求新期待，文化工作比以往任何时候都更需要创新。历史和现实都证明，中华民族有着强大的文化创造力。新时代更是为文化创新创造提供了难得的机遇和条件。今天，激发全民族文化创新创造活力，推动社会主义文化繁荣兴盛，不仅必要，而且大有可为。

充分发挥人民群众的主体作用，最大限度地激发人民群众文化创新创造的积极性。文化工作的根基在群众、智慧在群众、力量在群众，人民群众是文化创新创造的真正主力军。新中国成立以来特别是改革开放以来的许多文化成果，就是由人民群众首创并不断加以丰富发展的。增强全民族文化创新创造活力，一定要紧紧依靠人民群众，充分尊重人民群众在文化建设中的主体地位和首创精神，调动全体人民参与文化建设的积极性、主动性和创造性。要广泛开展群众性文化活动，大力发展社区文化、村镇文化、企业文化、校园文化等，引导人民群众在文化建设中自我展现、自我教育、自我服务、自我完善。营造生动活泼、宽松和谐的文化氛围，是焕发文化生命力、创造力的必要前提。要建立健全鼓励文化创新创造的良好社会环境，使一切创新举措得到支持、一切创新才能得到发挥、一切创新成果得到肯定，让蕴藏于人民群众之中的文化创新创造活力得到充分迸发。

着力推进文化工作改革创新，让一切文化创造源泉充分涌流。改革创新是增强文化活力、推动文化繁荣兴盛的强大动力。现在，群众需求越来越多样，思想观念越来越多元，文化工作者要站在时代前沿、引领风气之先，必须不断创新创造，重点抓好理念创新、手段创新、基层工作创新。文化领域每一次理念上的重大突破，每一次手段上的重大革新，都会给文化创造带来一次重大发展机遇。创新理念，必须保持思想的敏锐性和开放性，敢于打破传统思维定式，自觉从陈旧观念的束缚中解放出来，努力以思想认识新飞跃打开工作新局面。创新手段，就要积极探索有利于破解工作难题的新措施新办法，特别是要适应社会信息化持续推进的新情况，充分运用新技术新应用，占领文化创造和文化传播的制高点。文化创新的方法有千百条，但最根本、最关键、最牢靠的办法是扎根群众、扎根基层。要深入基层、深入实际、深入群众，扎实做好抓基层、打基础的工作，推动工作触角向基层延伸，各类政策向基层倾斜，更多资源向基层汇集。

把创作生产优秀作品作为文化工作的中心环节，使文化精品不断在中国大地涌现。推动文化繁荣兴盛，最根本的是要创作生产出无愧于这个伟大民族、伟大时代的优秀作品。优秀文化作品反映着一个国家、一个民族的文化创造能力和水平。一部精品，流传千古，抵得上千百部平庸之作。吸引引导启迪人们、推动中华文化走出去，必须有优秀作品，特别是文化精品。精品之所以"精"，就在于其思想精深、艺术精湛、制作精良。这就要求把创新精神贯穿文化创作生产全过程，大胆探索，锐意进取，在提高原创力上下功夫，在拓展题材、内容、形式、方法上下功夫，把提高作品的精神高度、文化内涵、艺术价值作为追求，用专注的态度、敬业的精神、踏实的努力创作出更多高质量的精品之作。

三、培养造就高素质文化人才队伍

文化是人的创造，人是文化事业发展最关键的因素。功以才成，业由才广。社会主义文化繁荣兴盛的时代，必然是英才辈出的时代；建设社会主义文化强国，必然离不开高素质的文化人才队伍提供支撑。习近平总书记多次强调，文化发展必须培养人才、发现人才、珍惜人才、凝聚人才；繁荣文艺创作、推动文艺创新必须有大批德艺双馨的文艺名家；媒体竞争关键是人才竞争，媒体优势核心是人才优势；构建中国特色哲学社会科学要从人抓起、久久为功；网信事业发展要聚天下英才而用之；等等。反映了我们党和国家对社会主义文化强国建设中人才这个"第一资源"的深刻认识。

进一步推动社会主义文化繁荣兴盛，需要加快培养造就一支政治坚定、德才兼备、锐意创新的文化人才队伍，形成天下英才聚神州、万类霜天竞自由的生动局面。高层次领军人物和专业文化工作者是社会主义文化建设的中坚力量。要加强领军人才建设，培养集聚一批有深厚理论素养、学贯中西的思想家和理论家，造就一批人民喜爱、有国际影响的学术大家、艺术大师和民族文化代表人物，加大高层次文化人才培养力度。基层文化人才队伍是文化改革发展创新的基础力量。要推动解决基层宣传文化单位人员配备、基本待遇、工作条件等方面的实际问题，让基层工作者留得住、定下心、愿意干，培养乡土文化能人、民族民间文化传承人和各类文化活动骨干，建强基层宣传文化队伍。青年人才是保证文化事业后继有人、兴旺发达的生力军。要实施青年文化人才培养计划，支持中青年优秀文化人才开展创作研究、承担重点项目、参加重大活动，为他们扩大对外交流创造条件，为青年文化人才成长铺路搭桥。文化领域思想活跃，知识分子云集。要以识才的慧眼、爱才的诚意、用才的胆识、容才的雅量、聚才的良方，广开进贤之路，把各方面知识分子凝聚起来。

文化工作者要成为优秀文化的生产者和传播者，必须加强自身修养，做道德品行和人格操守的示范者。要引导广大文化工作者自觉践行社会主义核心价值观，增强社会责任感，弘扬科学精神和职业道德，发扬严谨笃学、潜心钻研、淡泊名利、自尊自律的风尚，努力追求德艺双馨，坚决抵制学术不端、情趣低俗等不良风气。唯有坚定地与新时代同行，做到胸中有大义、心里有人民、肩头有责任，才能真正高擎民族精神火炬，发思想之先声、开社会之先风、启智慧之先河，推出更多优秀思想成果和文化作品。文化工作者要不断掌握新知识、熟悉新领域、开拓新视野，增强本领能力，加强调查研究，不断增强脚力、眼力、脑力、笔力，努力打造一支政治过硬、本领高强、求实创新、能打胜仗的文化工作队伍。

历经近代以来国运文运兴衰沉浮，我们迎来了从站起来、富起来到强起来的伟大历史飞跃。中华民族的文化自信从来没有像现在这样理性厚重、坚定从容，中国特色社会主义文化从来没有像现在这样充满生机、繁荣兴盛。进入新时代，站在新方位，中国共产党人和中国人民应该而且一定能够担负起新的文化使命，在多姿多彩的实践创造中进行文化创造，在波澜壮阔的历史进步中实现文化进步，奋力谱写新时代中国特色社会主义文化繁荣兴盛新篇章。

┃ 阅读书目 ┃

1. 《马克思恩格斯选集》第1—4卷，人民出版社2012年版。

2. 《列宁选集》第1—4卷，人民出版社2012年版。

3. 《毛泽东选集》第一——四卷，人民出版社1991年版。

4. 《邓小平文选》第一、二卷，人民出版社1994年版。

5. 《邓小平文选》第三卷，人民出版社1993年版。

6. 《江泽民文选》第一——三卷，人民出版社2006年版。

7. 《胡锦涛文选》第一——三卷，人民出版社2016年版。

8. 习近平：《决胜全面建成小康社会　夺取新时代中国特色社会主义伟大胜利——在中国共产党第十九次全国代表大会上的报告》，人民出版社2017年版。

9. 《习近平谈治国理政》第一卷，外文出版社2018年版。

10. 《习近平谈治国理政》第二卷，外文出版社2017年版。

11. 习近平：《在文艺工作座谈会上的讲话》，人民出版社2015年版。

12. 习近平：《在网络安全和信息化工作座谈会上的讲话》，人民出版社2016年版。

13. 习近平：《在哲学社会科学工作座谈会上的讲话》，人民出版社2016年版。

14. 习近平：《在中国文联十大、中国作协九大开幕式上的讲话》，人民出版社2016年版。

15. 习近平：《在全国党校工作会议上的讲话》，人民出版社2016年版。

16. 《中国共产党章程》，人民出版社2017年版。

17. 《中共中央关于繁荣发展社会主义文艺的意见》，人民出版社2015年版。

18. 中共中央文献研究室编：《习近平关于社会主义文化建设论述摘编》，中央文献出版社2017年版。

19. 本书编写组编著：《党的十九大报告辅导读本》，人民出版社2017年版。

20. 本书编写组编著：《〈中共中央关于全面深化改革若干重大问题的决定〉辅导读本》，人民出版社2013年版。

21. 中共中央宣传部编：《习近平总书记系列重要讲话读本（2016年版）》，学习出版社、人民出版社2016年版。

22. 中共中央宣传部编：《习近平新时代中国特色社会主义思想三十讲》，学习出版社2018年版。

23. 中共中央宣传部：《习近平总书记在文艺工作座谈会上的重要讲话学习读本》，学习出版社2015年版。

24. 中共中央宣传部理论局：《新时代面对面》，学习出版社、人民出版社2018年版。

| 后 记 |

党的十八大以来，以习近平同志为核心的党中央高度重视社会主义文化建设，全党全社会文化自信得到彰显，思想上的团结统一更加巩固，为实现中华民族伟大复兴的中国梦提供强大精神力量、道德滋养。党的十九大对坚持中国特色社会主义文化发展道路，建设社会主义文化强国作出重大战略部署，体现了我们党高度的文化自觉和文化担当。为帮助广大干部深入学习领会习近平新时代中国特色社会主义思想和党的十九大精神，自觉坚定文化自信，推动社会主义文化繁荣兴盛，中央组织部组织编写了本书。

本书由中央宣传部牵头，教育部、文化和旅游部、国家广播电视总局、求是杂志社、光明日报社、北京师范大学共同编写，全国干部培训教材编审指导委员会审定。王晓晖任本书主编，梁言顺、李捷任副主编，王心富、刘贵芹、王鹤云、祝燕南、李文阁、薄洁萍任编委会成员。李捷主持了具体编写工作，编委会成员和蔡书贵、王佳菲、郝清杰、吴迪、吕岩梅、李岚、孙煜华、户华为、蔡鹏、王峰、杨增崟、吴林龙、张广昭、王丹等参加起草、修改和统稿工作，祁述裕、孙熙国、卜宪群参加了本书的审读工作。在编写过程中，中央组织部干部教育局负责组织协调工作，中央宣传部理论局具体组织撰写，人民出版社、党建读物出版社等单位给予了大力支持。在此，谨对所有给予本书帮助支持的单位和同志表示衷心感谢。

本书如有疏漏和不足之处，敬请广大读者提出宝贵意见。

编　者

2019 年 2 月

全国干部培训教材编审指导委员会

《推动社会主义文化繁荣兴盛》

主　　编：王晓晖

副主编：梁言顺　李　捷

责任编辑：杨美艳　柴晨清　孔　欢
封面设计：石笑梦
版式设计：王欢欢
责任校对：孙寒霜

图书在版编目（CIP）数据

推动社会主义文化繁荣兴盛／全国干部培训教材编审指导委员会组织编写．
　-- 北京：人民出版社：党建读物出版社，2019.2
全国干部学习培训教材
ISBN 978 - 7 - 01 - 020387 - 4

I. ①推… 　II. ①全… 　III. ①社会主义 - 文化事业 - 建设 - 中国 -
　干部培训 - 教材 　IV. ① G12

中国版本图书馆 CIP 数据核字（2019）第 021287 号

推动社会主义文化繁荣兴盛

TUIDONG SHEHUI ZHUYI WENHUA FANRONG XINGSHENG

全国干部培训教材编审指导委员会组织编写

主　编：王晓晖

人 民 出 版 社
党建读物出版社 出版发行

北京尚唐印刷包装有限公司印刷　新华书店经销

2019 年 2 月第 1 版　2019 年 2 月第 1 次印刷
开本：710 毫米 ×1000 毫米　1/16
印张：13.75　字数：150 千字

ISBN 978 - 7 - 01 - 020387 - 4　定价：33.00 元

邮购地址 100706　北京市东城区隆福寺街 99 号
人民东方图书销售中心　电话（010）65250042　65289539

本书如有印装错误，可随时更换　电话：（010）58587361